AF241021

A LA COTE D'IVOIRE

Six Mois dans l'Attié

(UN TRANSVAAL FRANÇAIS)

Ouvrage orné de 35 gravures et de 4 cartes.

PARIS

Société française d'Éditions d'Art

L. HENRY MAY

7 ET 11, RUE SAINT-BENOIT, 7 ET 11

SIX MOIS DANS L'ATTIÉ

L'AUTEUR DANS SA CASE

CAMILLE DREYFUS

A LA CÔTE D'IVOIRE

SIX MOIS
DANS L'ATTIÉ

(UN TRANSVAAL FRANÇAIS)

Ouvrage orné de 35 gravures et de 4 cartes

PARIS

Société française d'Éditions d'Art

L. HENRY MAY

7 ET 11, RUE SAINT-BENOIT, 7 ET 11

AVANT-PROPOS

Ne cherchez, dans ce récit de voyage, ni dramatiques incidents, ni grands dangers courus, non plus que d'extraordinaires aventures.

Je n'ai guère rencontré, sur la route, d'autres ennemis que la nonchalance et la mauvaise foi des Noirs, la fièvre, la fatigue et la faim.

C'est donc une petite et modeste exploration que je raconte dans ce livre.

Mon excuse est que j'ai commencé à voyager à l'âge, où, d'ordinaire, l'explorateur rentre définitivement au logis.

Seuls, les accidents de la vie m'ont mis à la main le bâton du voyageur, rôle auquel ni la Nature ne m'avait destiné, ni mon passé ne m'avait préparé.

Néanmoins j'ai fait de mon mieux, animé

que j'étais du scrupule d'étudier en observateur impartial le pays, les hommes et les mœurs et de les décrire fidèlement.

J'ai surtout eu à cœur de me défendre d'une misanthropie qu'auraient cependant expliquée et peut-être justifiée les événements qui m'ont jeté sur la grande route.

Mais il ne sert de rien de protester contre les rigueurs et les iniquités de la Fortune.

Mieux vaut essayer de réagir.

J'ai essayé.

Adoquoi-Annapé (Attié).
Octobre 1898.

Je tiens à adresser mes remerciements à MM. Joseph, Schneider, Staub, R. P. de Chazottes et Fromager dont les documents photographiques et les dessins m'ont été d'un puissant concours.

CHAPITRE PREMIER

LA PROPOSITION. — LES PRÉPARATIFS. — LE DÉPART.

Un soir du mois d'avril 1898, mon voisin le Sierra-Léonais Fyne, tailleur de son état, et son camarade Hémens, *fanti*, c'est-à-dire natif de la colonie Anglaise de « Gold Coast » que j'avais tous deux défendus au civil devant le Tribunal de Grand-Bassam, vinrent me proposer une expédition à l'intérieur de la colonie de la Côte d'Ivoire. Un de leurs amis, Apollonien, c'est-à-dire autre indigène, d'une autre partie de la « Gold Coast » mais établi depuis longtemps à Grand-Bassam, connaissait dans le Baoulé, sur les confins de l'Attié, un riche « placer », exploité par les Indigènes, dont le Chef consentirait à traiter avec les « Blancs ». Ils me demandaient de les accompagner, me promettant un large profit.

Je voulus d'abord voir l'Apollonien en question. Il s'appelait Tanoh ; c'était un petit homme de soixante ans environ, sec et nerveux, comprenant un peu l'anglais, le parlant d'une façon bizarre, au surplus père d'un des plus solvables traitants de Grand-Bassam. Les renseignements que me donnèrent le père et le fils levèrent mes hésitations et je résolus d'éprouver encore une fois la fortune qui, depuis quelques années, m'avait été si contraire. Je signai avec Fyne, un contrat dont la clause principale était que nous devions partager le bénéfice par moitié, sauf à lui de désintéresser Hémens et Tanoh, avec lesquels je n'avais pas voulu traiter directement : je connaissais trop le premier et trop peu le second.

Ainsi, par un bizarre concours de circonstances, j'étais, après vingt-sept mois de résidence en Afrique, ramené au projet que j'avais formé d'abord, en août 1895, quand je résolus de quitter l'Europe et que je ne pus, heureusement, mettre alors à exécution. Mon plan, né de mes lectures et que la pratique n'avait pu contrôler, m'aurait ménagé d'amères déceptions. Tandis qu'aujourd'hui si mes ressources sont modiques, j'ai, du moins, l'avantage de connaître l'Indigène, de savoir jusqu'à quel point il est docile à l'influence et aux exigences européennes ; mes fréquentations quotidiennes avec les habitants du Chef-lieu, mon long séjour à Anyamah, au S. O. de cet Attié dont je dois visiter tout au moins la fron-

LE PORT INTÉRIEUR DE GRAND-BASSAM

tière, mes excursions en lagune et en rivière m'ont fourni à cet égard des éléments d'appréciation.

Car la psychologie du Noir est partout la même; c'est un mélange de superstitions grossières, de mensonge, de ruse, d'un besoin instinctif de tromper. Et je ne fais pas d'exception à cet égard pour ceux qui se disent chrétiens et civilisés. Comme j'ai pu en juger dans les longues conversations que j'ai eues avec mes Sierra-Léonais et mes Fantis, leur christianisme est une religion de bonne femme. Le Diable et la Sorcellerie y ont plus de part que Dieu. Démons, apparitions, sorts jetés à un ennemi, interprétation des songes, rien n'y manque. J'en ai vu qui savaient le latin, d'autres qui apprenaient l'algèbre, mais toute cette belle instruction restait à la surface sans pénétrer les moëlles : leur cervelle est irrémédiablement pétrie du limon du moyen-âge.

Superstitieux donc, le Noir est né diplomate. Du diplomate, il a la qualité maîtresse : la patience, d'autant mieux qu'il n'a pas la notion du temps et n'en connaît pas la valeur,

Que de fois, j'ai admiré l'art avec lequel le vieux Tanoh, par des voies détournées, sinueuses comme un sentier de brousse, savait amener son interlocuteur à lui offrir ce que lui-même désirait et qu'il paraissait n'accepter qu'avec difficulté !

Tout noir est aussi plus ou moins orateur. La coutume des « Palabres » développe en lui, dès son jeune âge, l'habitude de parler en public et j'en ai vu, dont la mimique était si expressive que, sans comprendre leur langue, je devinais le sens du discours. Le Noir est quémandeur au point d'être mendiant ; rapace et avare à rendre jaloux Harpagon. Son « *nascio* » (merci !) obséquieux et prolongé est du pur cérémonial. J'ai trouvé des ingrats en Europe ; en Afrique, on ignore la reconnaissance.

Malgré tous ces défauts, le Noir a cependant un certain sentiment de l'équité ; si quelqu'un d'entre eux vous fait une demande déraisonnable, ou vous porte préjudice, les autres n'hésitent pas à lui donner tort. L'Européen a, à ses yeux, un prestige qui ne tarde pas à s'évanouir, si cet Européen ne garde, sans violence, une réserve de dignité parfaite ou si le Noir sent que ce prestige n'est pas appuyé sur la force. Il a pour l'Européen qui voyage avec lui, une prévenance parfois indiscrète, mais toujours en éveil. Ce souci du Noir pour la vie du « Blanc » qu'il accompagne est d'ailleurs un fait qu'ont pu constater tous les voyageurs. En résumé, l'Européen lui paraît un être d'une nature spéciale, ayant sans doute ses faiblesses et ses défauts, mais d'une essence supérieure à la sienne ; il exprime bien ce sentiment, le mot

VUE GÉNÉRALE DE GRAND-BASSAM.

d'un de mes hommes à un autre qui le menaçait de coups. « Est-ce que tu es un « Blanc » pour avoir « le droit de me frapper! »

Les Noirs civilisés eux-mêmes ont pour l'Européen la déférence que le bourgeois du XVIIe SIÈCLE avait pour l'homme de qualité. A une nuance près, pourtant. Dorante volait M. Jourdain et Don Juan rossait M. Dimanche, tandis qu'aujourd'hui, en Afrique, ce sont les Jourdain et les Dimanche couleur d'ébène, qui, chapeau bas, volent à outrance, pillent, rançonnent et dupent l'Européen.

Quoiqu'il en soit, le voyage que j'allais faire ne pouvait qu'accroître et fortifier l'expérience déjà acquise et, la chance aidant, me mettre à même d'organiser, une expédition définitive dans des conditions propres à en assurer le succès. Toute mon expérience antérieure ne m'empêcha pas, d'ailleurs, d'être maintes fois trompé par mes guides, mes interprètes et les indigènes.

Mon absence ne devait pas durer plus d'un mois, bien qu'après avoir indiqué comme la voie la plus directe, la route de Tiassalé par Dabou, Tanoh notre guide, se fût résolu à atteindre le Baoulé par la rivière Mé, en traversant l'Attié. Je ne fis pas d'objection, car c'était un itinéraire en partie inexploré; il me semblait cependant plus naturel et plus facile de

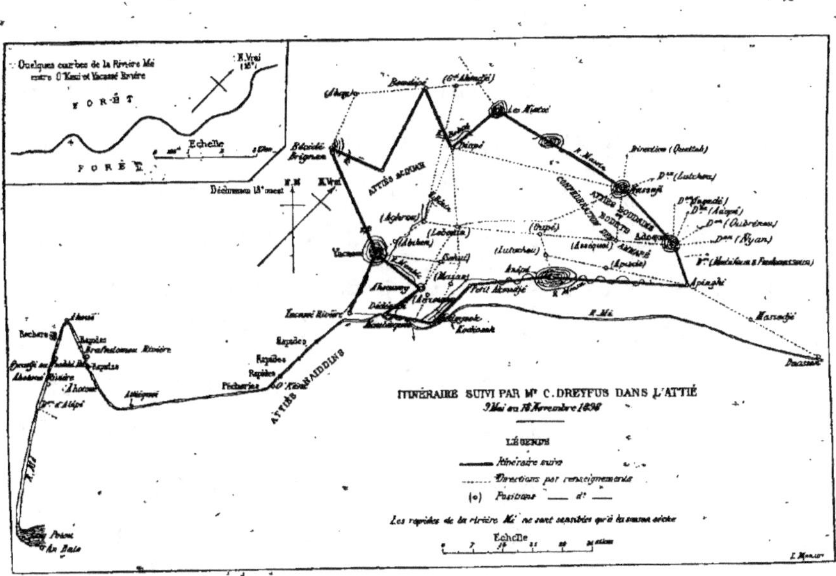

Quelques courbes de la Rivière Mé
entre O'Kassi et Vacassé Rivière
FORÊT
FORÊT
N. Vrai
Echelle
Déclinaison 13° ouest
N. M.
N. Vrai
ITINÉRAIRE SUIVI PAR Mr C. DREYFUS DANS L'ATTIÉ
9 Mai au 18 Novembre 1896
LÉGENDE
Itinéraire suivi
Directions par renseignements
(o) Positions   d°
Les rapides de la rivière Mé ne sont sensibles qu'à la saison sèche
Echelle

ATTIÉS SONOÉ
ATTIÉS BONDUKU
CONFÉDÉRATION NORD
AKANDJÉ
Récédié Brignan
Bondié
(6te Akoudjé)
Les Muétsi
R. Massa
Direction (Quettah)
Dn (Latchou)
Dn Vavendé
Dn (Aésipé)
Dn (Oulévineau)
Dn (Ryan)
Vn (Mainiform et Fauchans Simon)
Rassadji
Akandé
Apinghi
Marondji
Paassai
Atiépé
(Aghreu)
(Ladouta)
(Oupé)
(Luttachou)
(Assiqui)
(Apuscle)
Anjoi
R. Mé
(Adechan)
Vacassé
(Dehaiti)
(Massia)
Abenany
Déchans
Zacassé Rivière
Koudangou
Avcanze
Kodiassé
Petit Akoudjé
R. Mé
O'KASSI
NAIDDING
Pêcheries
Rapides
Rapides
Rapides
Abossé
Bocheré
Rapides
Barthélomeu Rivière
Groupé au Banbli Bié
Rapides
Abedoué Rivière
Thotou
Vn d'Alépé
Pointe
An Bais
ATTIÉS
L. Masson

gagner l'Attié par le Comoë en passant par Alépée. Mais j'étais tenté par l'idée de visiter l'Attié encore presque inconnu.

L'Attié est une région aussi bien définie que peut l'être un pays habité par des noirs qui, sédentaires à l'habitude, ont des à-coups de nomades et vont, à quelques kilomètres, reconstruire les maisons qu'ils viennent de démolir.

L'Attié commence donc sur la rive droite du Comoë, vers Alépée, un peu au sud de cette ville, comprend la langue de terre enfermée entre cette rive droite et la rive gauche de la Rivière Mé jusque vers Malamalasso. Cette sorte de presqu'île est habitée par les Attiés-Naiddins et forme l'Attié inférieur. Sur la rive droite de la Rivière Mé, l'Attié supérieur comprend toute la terre située jusqu'aux rives Nord et Est du fond de la lagune Potou, contournant au Sud et à l'Ouest, à partir d'Akandjé, le pays des Ebriés. Au Nord-Ouest l'Attié est enserré par le Baoulé et au Nord par le Morénou. Les Acqua et les Attiés-Boddets (Boddet, homme du pays des roches) habitent cette partie de l'Attié, sauf les villages d'Attié-quoi, d'Ahoué, de Brafodomou et d'Anyamah qui sont des colonies de Naiddins. Les Boddets occupent la région des Annapès et d'Anépé, les Acqua, la région qui va d'Yacassé au Baoulé par Boudepé, Akoudjé,

Akoupé et Quittah, délimitation approximative d'ailleurs, car les tribus se pénètrent réciproquement.

Il ne m'a pas été possible au courant de mon voyage, faute d'un baromètre, de relever le relief orographique de l'Attié. Mais autant que j'ai pu en juger, l'ossature du pays est formée de deux systèmes de collines, l'un contournant les lagunes Ebrié et Potou et l'autre décrivant la même courbe générale que la Rivière Mé, les deux systèmes se soudant à l'embouchure de cette rivière et sur la rive droite. Le centre est donc une vallée qui doit être elle-même recoupée en deux parties par un contrefort parallèle aux chaînes directrices de façon à séparer le bassin de la Rivière Mé du Bassin des rivières situées à l'Ouest et affluents de la lagune Ebrié. De même sur la rive gauche de la Rivière Mé un massif très escarpé sépare son bassin de celui du Comoë. Il ne saurait d'ailleurs en être autrement, car si le centre de la région était une cuvette fermée, le fond de cette cuvette ne pourrait être qu'un désert sans eau ou un lac dont seraient tributaires les ruisseaux qui sortent des flancs intérieurs des collines. Désert ou lac, on me l'aurait signalé, car je n'ai pas manqué de poser la question. Or, il n'y a ni l'un, ni l'autre. Donc il doit exister au moins une vallée centrale ou un système de vallées, concentriques les unes à la Lagune, les autres à la Rivière Mé. [1]

Les seules routes d'accès vers l'Attié sont d'une part le Baoulé, viâ Dabou-Tiassalé, mais cette route est longue et on s'y heurte aux Ebriés et à d'autres

1. En décembre 1898, c'est-à-dire environ un mois après mon retour à Grand-Bassam, arrivait une mission militaire commandée par M. le Capitaine du Génie Houdaille. Elle était chargée d'étutier le tracé d'un chemin de fer vers Kong. Le 7 février 1899, M. le Capitaine Houdaille, à qui j'avais communiqué mon itinéraire et quelques notes, proposait une ligne partant d'Alépée et se dirigeant vers le Baoulé en traversant l'Attié et notamment la partie de l'Attié entre Anépé et Adoquoi que M. d'Espagnat et moi avions visitée. Dans son rapport, M. le Capitaine Houdaille s'exprimait ainsi, décrivant la configuration de cette région.

« La partie de la Côte d'Ivoire comprise entre le Bandamma et
« le Comoë est constituée par un plateau à pentes très douces,
« corrodé par les eaux. Si le terrain inférieur n'était pas protégé
« par la végétation de la forêt, le sous-sol rocheux serait presque
« partout à nu et les alluvions entraînées par les eaux viendraient
« peu à peu combler la lagune.

« En partant du Petit Alépé à la cote 10 (basses eaux du Comoë
« 1ᵉʳ janvier 1899), on arrive progressivement à la cote 123 à Séka-
« Séka, au bout de 107 kilom. de parcours ; la pente générale du
« terrain est donc de 1 ^{m}/$_{m}$ par mètre.

« Sur ce parcours de 107 kilom. nous avons rencontré plus de
« 200 sommets qui émergent de 20 à 30 mètres au maximum au-
« dessus du plan général du plateau. »

Et dans un autre passage de ce rapport, M. le Capitaine Houdaille dit que « Séka-Séka ou Mopé se trouve sur la ligne de par-
« tage des eaux de la Rivière Mé et de la Rivière Agnéby. »

Ne serait-ce pas plutôt la rivière Ascension ? En tout cas cela montre l'existence de chaînes perpendiculaires à la lagune Ebrié.

peuplades, les unes et les autres d'humeur belliqueuse et de rapports difficiles.

D'autre part la Rivière Mé n'est navigable aux vapeurs que jusqu'à Ahotoué ce qui interdit au commerce européen de prendre cette voie.

LA COMPAGNIE DE KONG

Reste la route par Alépée, Denguéra (qu'il vaudrait mieux écrire Tengra) et la traversée de la Rivière Mé en amont d'Yacassé. Mais cette route, ou plutôt ce réseau de routes n'est qu'une série d'affreux sentiers de brousses, où on ne passe qu'en rampant et impraticables à un transit fréquent et actif.

Enfin la voie du Comoé ouverte par les explorations de Binger et de Treich Lapleix a attiré, depuis longtemps, l'attention du Gouvernement de la Colonie par la nécessité de résister, dans l'Indénié et dans le Bondoukou à l'influence anglaise.

La voie du Bandamma par Grand Lahou et Tiassalé avait paru la voie la plus directe pour atteindre et contenir Samory à l'époque où il s'était rejeté vers Kong et le Sud du Soudan.

Enclavé entre ces deux couloirs et sans accès direct, l'Attié a vu le courant français le longer à l'Est et à l'Ouest sans le traverser. Ces raisons géographiques et politiques expliquent amplement pourquoi l'Attié a jusqu'ici résisté et échappé à la pénétration européenne et pourquoi les Apolloniens, ces convoyeurs de la brousse, ont conservé le monopole de ce marché. [1]

Le 9 mai, je fis donc mes adieux à mes amis de

---

1. L'explorateur Binger écrivait en 1890 dans sa célèbre relation : *Du Niger au Golfe de Guinée.* « L'Attié qui s'étend le long du Comoë au Sud du Morenou et à l'Ouest de Bettié est un pays sur lequel il m'a été à peu près impossible de trouver des renseignements. Limité à l'Ouest par le Baoulé et au Sud par l'Ebrié et le Potou, ce peuple vit à peu près isolé de tout le monde et semble n'avoir que des rapports d'hostilité avec ses voisins..... Il doit être difficile de porter la guerre dans leur pays puisqu'on ne le connaît pas. » (Ch. II, p. 337). On voit que la situation n'avait guère changé de 1890 à 1898.

Grand-Bassam. Je pris congé de M. Mouttet, alors gouverneur de la colonie, à qui, par déférence et bien que mon voyage n'eût rien d'officiel, j'avais soumis mon projet qui l'avait intéressé et dont il avait encouragé la tentative.

Je m'embarquai à deux heures de l'après-midi sur le vapeur *Le Gambetta* que M. Schneider, agent général de la Compagnie de Kong, avait mis à ma disposition ; j'emmenais ma grande pirogue-canot, la pirogue de Tanoh, plus une vieille baleinière de rivière que j'avais fait calfater à mes frais.

Mon personnel se composait de Fyne, Hémens et Tanoh que le lecteur connaît ; de Correa, maître charpentier sénégalais, ouvrier assez habile que j'avais déjà employé, métis portugais baptisé et entêté comme un sénégalais, ayant fait partie de la colonne Toutée ; de Kourbaly, natif de Segou-Sikiro, ancien milicien au Congo ; d'Amat-Buat et Assouin, mes boys, de deux boys de Fyne. Deux femmes complétaient la colonne. Fyne emmenait sa fille pour les soins domestiques, cuisine, blanchissage et couture. Tanoh de son côté me présenta une commerçante Fanti assez jolie, du nom de Nana qui devait nous quitter à Yacassé pour aller à l'intérieur, recouvrer des créances. Enfin mon chien Polisson qui devait d'ailleurs m'attendre à Ahotoué. Cette composition de ma colonne me faisait au point de vue des interprètes une situation assez difficile. Tanoh parle toutes les langues indigènes, mais j'ai besoin d'un traducteur pour comprendre son anglais.

LES SÉNÉGALAIS CORRÉA ET KOURBALY

Hémens parle Fanti comme Tanoh, mais au lieu de traduire en anglais de la Côte que je comprends bien ou en bon anglais que je comprends un peu, il fait des deux un mélange à la fois horrible et inintelligible. Il a d'ailleurs la fâcheuse habitude de grossir

toutes choses : le propriétaire de la case où il habite
est le « Landlord » ; le moindre petit chefaillon nègre
est le « King » (roi) et il ne parle de Stanley qu'en
l'appelant *Lord* Stanley. Fyne ne sait que l'anglais.

HEMENS ET FYNE (SIERRA-LÉONAIS)

Correa parle l'apollonien et pourrait interpréter Tanoh en cette langue, mais son français est du pur
charabia et son anglais ne vaut pas mieux.

Quand à Kourbaly il parle bien l'apollonien ; mais
en fait de français son répertoire est épuisé quand,

lui ayant demandé « *Tiraillour* qu'est-ce qu'il « y en a nouveau ? » il a répondu : « *Arien* » ou quand il m'a dit « *Mossieur, tu prendre garde : il y en a cartouces dans la fusil !* »

Il y a, il est vrai, mes boys apolloniens qui parlent et même écrivent le français, mais ils sont jeunes, peuvent ne pas saisir la portée d'une question ou d'une réponse et j'ai, d'ailleurs, besoin que mes compagnons plus au fait que moi des habitudes de la brousse, entendent les réponses des indigènes.

Ma cargaison se composait de 15 barils de poudre de 25 livres anglaises ; 10 caisses de gin ; 100 têtes de tabac ; 20 sacs de sel ; 10 douzaines de sabres machèles ; 50 saumons de plomb ; 1 caisse de barres de savon.

Je fus amené en cours de route à acheter vingt autres caisses de gin et cent autres têtes de tabac.

Ces marchandises étaient destinées, moins à faire du commerce, qu'à faire des cadeaux aux chefs, à acheter des vivres et à payer les porteurs.

J'emportais comme outils trois barres de fer pour forger des pics et des houes ; quatre marteaux en fer pour briser la roche, un petit marteau, scie à main, tenailles. Comme vivres et provisions de ménage, 100 boîtes de sardines ; 50 boites de corned beef, quelques conserves fines, et du bouillon concentré ; 25

bouteilles de vin, du cognac, du lait, du thé, du sucre, du biscuit, 50 kil. de riz et du pétrole.

En fait de médicaments, de la quinine, de la liqueur de Van Swieten pour laver et aseptiser les plaies et quelques purgatifs.

LA MAISON QUINT-CHAPAN

Comme armement : un revolver d'ordonnance 1892 avec quelques cartouches et une carabine Colt à 15 coups avec 200 cartouches.

Je ne parle que pour mémoire de trois sabres du modèle antique et ridicule connu sous le nom de *coupe-choux* dont, sur les instances de mes compagnons, je fis emplette à Ahotoué.

Si j'insiste sur ces détails, c'est qu'ils montrent d'une façon topique quels impedimenta l'explorateur à la Côte d'ivoire doit traîner avec lui, et comment la marche s'en trouve retardée.

J'avais pu réunir rapidement ces marchandises et

LA SCIERIE (ATELIER)

provisions grâce au concours de M. Chaban qui avec son associé M. Gravières[1], a repris, installé et mis en marche la scierie mécanique qu'associé avec M. Alexandre Quint j'avais importée à la Côte.

Le *Gambetta* devait nous déposer dans la lagune

1. Tous deux décédés depuis, lors de l'épidemie de fièvre pernicieuse de mai 1899.

Potou à An-Bato où nous arrivâmes en effet à quatre heures et demi de l'après-midi. Je trouvais là M. Baillant, superintendant à Kotonou du câble de la « West African Telegraph Company ». Il occupa jadis le même poste à Bassam. A cette époque il entreprit

LA SCIERIE (MAGASIN DE BOIS)

une plantation de caféiers et de cacaoyers qui commence à donner de beaux résultats. Son exemple fut d'ailleurs suivi avec autant de bonheur par son successeur, l'aimable et regretté M. Saffray. Le résultat eût été plus satisfaisant encore si le terrain n'avait été mal choisi; non que la qualité du sol ne soit bonne, mais la rive s'élève rapidement en pente abrupte du plus grand pittoresque mais d'une exploitation difficile et coûteuse. Après m'avoir offert des œufs et procuré un logement dans l'enclos d'un Apollonien nommé Koffi, traitant de la Société Coloniale, M. Baillant me

LES PLANTATIONS SAFFRAY

fournit quelques renseignements ; il me dépeignit sous les couleurs les plus sombres l'expédition que j'entreprenais de faire : c'est le travers colonial et j'étais sur mes gardes. Je ne le revis plus d'ailleurs, car il devait quitter An-Bato le lendemain matin et s'embarquer pour l'Europe.

Après un court palabre avec les chefs d'An-Bato, j'obtins, pour le même lendemain, une grande pirogue et quatre hommes. Malgré les réparations faites,

LES PLANTATIONS SAFFRAY (AN-BATO)

la baleinière était hors d'usage ; elle faisait eau de tous côtés et j'eus plus tard la preuve que, même en bon état, elle n'aurait pu remonter les rapides que je dus franchir. Les trois pirogues démarèrent donc le 10 mai, à huit heures du matin et, au bout d'une heure de pagayage, nous entrions dans la rivière Mè dont, pendant une semaine entière, nous allions remonter le cours.

CHAPITRE II.

LA RIVIÈRE MÈ

AHOTOUÉ, NZOGHI, AHOUÉ, OKÉNI, YACASSÉ-RIVIÈRE

La rivière Mè est fort mal placée sur les cartes récentes de la Côte d'Ivoire qui la portent à l'extrémité de la lagune Potou, alors qu'elle débouche dans cette lagune un peu au-dessus de An-Bato dans le chenal, très bien indiqué sur la carte Binger (édition 1893), qui joint le lac d'An-Bato aux lacs d'Anyamah ou d'Aguien. L'embouchure de la rivière se trouve ainsi à un peu plus de la moitié entre l'entrée et le fond de la lagune. La place de la rivière Mè, aussi bien que la direction de son embouchure et la configuration de la lagune, sont représentés, par contre, avec une grande exactitude sur une carte du service hydrographique de la marine intitulée : *Croquis des Lagunes du Grand Bassam et d'Assinie* par MM. de Noë et Aymes, lieutenants de vaisseau, au dépôt des cartes de la marine (1869). Cette carte a eu de nombreuses éditions, la dernière date de 1894 et est intitulée : *Du Grand Béreby au Cap des Pointes.*

MÈ est un mot attié qui signifie *rivière, eau courante.* Il est probable que les premiers Européens qui l'ont entendu nommer par les indigènes ont pris le terme générique pour un nom propre. Confusion assez fréquente dans la géographie des pays nouvellement explorés. Son cours est des plus tourmentés et pour en fixer la direction générale, à défaut d'instruments et d'observations précises, il est nécessaire d'éliminer les canaux qui se coupent à angle droit ou se rejoignent par des courbes ou demi-cercles presque réguliers. Ces canaux donnent à la rivière un caractère d'étrangeté et de pittoresque inimaginable, mais si l'on voulait déterminer l'orientation de chacun d'eux, ce serait une œuvre de patience à laquelle ne peut se livrer le voyageur qui passe, qui est pressé d'arriver et qui tient cependant à savoir s'il va au nord ou au sud, à l'est ou à l'ouest.

Il est préférable de faire en quelque points le tour d'horizon de façon à déterminer la position relative des stations que l'on a visitées et de celles qu'on visitera ensuite.

Relevée ainsi, la rivière Mè vient du S.-O. monte

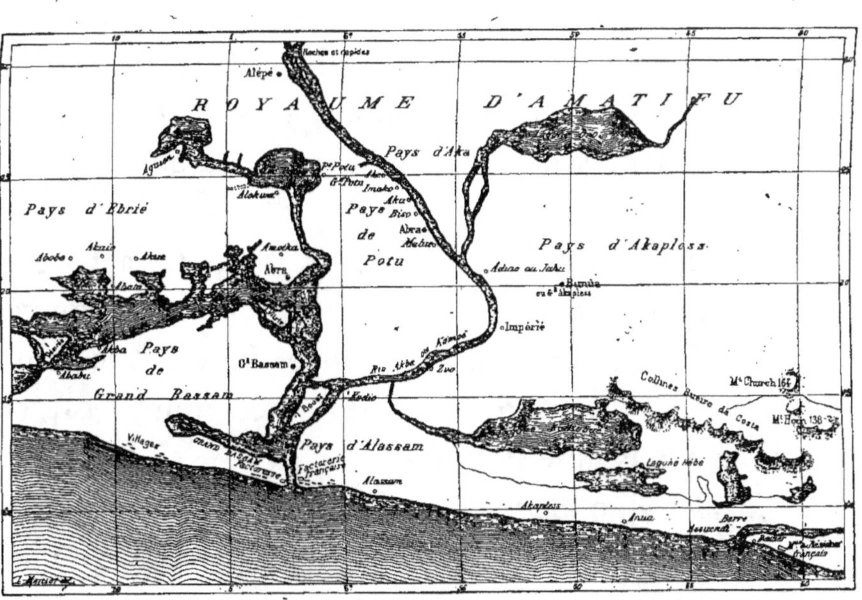

LES LAGUNES DE GRAND-BASSAM (d'après la carte du dépôt de la Marine)

N.-E. jusqu'à *Ahotoué* et *Nzoghi* ou *Djeudji*, fait nord, légèrement ouest jusqu'à *Ahoué*, redescend S.-E. par *Brafodomou*. Un peu après *Brafodomou*, elle fait O.-E. en passant par *Attiéquoi* et *Okeni* ; à partir de ce dernier point, elle monte jusqu'à *Yacassé Rivière* N.-N.-E. et d'*Yacassé Rivière* jusqu'à *Medgysoh* elle va franchement N.-E. Son cours paraît conserver, d'après les renseignements que j'ai recueillis, assez longtemps cette direction. Elle passe entre *Yacassé* et *Alépée*, mais à quatre heures de la première ville et à quatre jours de la seconde.

A plusieurs reprises déjà j'avais remonté la rivière Mè jusqu'à Ahotoué qui fut cette fois ma première étape. J'avais toujours été frappé du profond contraste qui existe entre les rives de ce cours d'eau et celles de la lagune Potou.

Tandis que de son embouchure au cul de sac qui la termine, la lagune Potou ne présente qu'une brousse de palétuviers d'une monotonie désespérante, coupée çà et là par quelques Acajous, chaque jour plus rares, ou par des Bahias qui ne doivent leur salut qu'à la dépréciation dont ils sont l'objet en Europe, l'aspect des bords de la Rivière Mè est tout différent.

Dès que, après avoir franchi le rideau de verdure qui en dissimule presque l'existence, on entre dans la Rivière Mè, on se trouve en présence de la vraie végétation africaine. Des arbres de cent essences diverses s'élancent vers le ciel, les uns au feuillage tenu comme celui de nos arbres d'Europe, les autres aux feuilles larges et amples comme les draperies d'un décor.

C'est en effet un décor d'opéra qui se déroule sous les yeux du voyageur. L'aspect change d'une façon féerique à chacune des sinuosités de la rivière. Tantôt c'est un massif qui, s'avançant sur un promontoire, donne l'illusion d'un château féodal qui se dresserait pour commander le cours du fleuve. Tantôt c'est un tronc immense, échoué ; à quelque distance on dirait un gigantesque antédiluvien dormant sur la rive, en chauffant son sommeil aux rayons d'un soleil équatorial. Parfois aussi la rivière se resserre, les arbres se rejoignent d'un bord à l'autre, faisant au voyageur une voûte de verdure et d'ombre. Puis, à mesure qu'on avance, le paysage change de caractère ; de majestueuse la forêt devient gracieuse et jolie ; n'était la couleur des canotiers, on se croirait dans quelque boucle de la Marne ou sur quelque pièce d'eau d'un parc anglais.

Par moments encore la montagne voisine s'annonce par des rocs à fleur d'eau qui émergent tout à coup pour rappeller au passant qu'en Afrique il faut toujours être sur ses gardes.

Malgré la chaleur torride qui nous tombe sur la tête, l'eau est fraîche, presque glacée en plein midi ; je berce la monotonie et la lenteur du pagayage en faisant rafraîchir mon vin. Combien de calories solaires faudrait-il pour élever cette masse d'eau à la température ambiante ?

De temps en temps une trouée dans la verdure : c'est une route ouverte par les coupeurs d'acajou sur laquelle on voit encore les fortes branches qui ont servi de rouleaux pour descendre à l'eau les billes éloignées ou d'un trop fort cubage. Après avoir croisé la route d'Ahoué, on rencontre d'abord les premières de ces roches à fleur d'eau dont je viens de parler, puis des rapides semblables à ceux qui se trouvent entre Alépée et Bettié, mais moins violents et partant moins dangereux. Les rapides de la Rivière Mè se trouvent ainsi par rapport à ceux du Comoë sur une transversale O. — S.-E.

Résultent-ils, les uns et les autres, d'une même formation géologique ? C'est probable, car d'autre part le Comoë et la Rivière Mè offrent, toutes proportions gardées, les mêmes sinuosités, ce qui prouve que, peu distants l'un de l'autre, les deux cours d'eau ont dû forcer le même massif montagneux. La rivière qui cesse d'être navigable aux vapeurs après Ahotoué devient difficilement navigable aux pirogues un peu

CAMPEMENT DE COUPEURS D'ACAJOU, SUR LA RIVIÈRE MÉ

fortes après Yakassé-Rivière. Un homme de cette dernière localité me dit qu'au-delà la Rivière venait « du pays de l'or (l'Attié Est), mais, disait-il, il était plus facile d'y arriver par terre. »

En résumé, il n'est pas impossible que le Comoë et la Rivière Mè soient les deux bras d'un même fleuve, ou tout au moins aient une source commune. Cette hypothèse a d'autant plus de vraisemblance que jusqu'au moment où vers Duaso et Mè, à quelque quarante kilomètres au-dessus de Medgysoh, la rivière Mè se perd dans les herbes et suit un cours souterrain, elle tend constamment vers l'est, ce qui la rapproche du Comoë qui paraît incliner à l'ouest parallèlement à la rivière Mè dans son cours inférieur, mais se dirige vers le nord de façon à couper l'axe N.-E. de la rivière Mè. Si l'on tient compte des analogies que j'ai signalées dans l'aspect des deux cours d'eau et du peu d'étendue qui sépare leurs cours inférieurs et leurs embouchures au moment où tous deux se jettent dans la lagune Potou, l'hypothèse prend un caractère de grande probabilité.

Cette navigation du 10 mai fut terrible. Sauf un repos d'un quart d'heure, mes hommes et mes boys pagayèrent toute la journée sous un soleil ardent et la nuit nous surprit en route. Sans le guide Tanoh, nous aurions couché dans la brousse. Mais les deux autres pirogues, plus légères, nous avaient devancés et Tanoh vint à notre rencontre pour nous piloter. C'était d'autant plus nécessaire que la rivière, déjà grossie par les eaux de la petite saison des pluies, charriait des troncs d'arbres et que, dans l'après-midi, nous avions failli chavirer.

SOCIÉTÉ COLONIALE FRANÇAISE DE LA COTE DE GUINÉE

Enfin, à neuf heures du soir nous abordâmes, sur la rive gauche, un campement tenu par un Apollonien, commis de Sey, Apollonien lui-même, et à cette époque le principal traitant de la maison anglaise F. et A. Swanzy.

C'est ainsi que la rivière autrefois peuplée par les comptoirs des factoreries européennes de Grand-

Bassam, est aujourd'hui désertée par celles-ci. Elles ont passé la main à des traitants, tous Apolloniens, travaillant à leur propre compte.

Commercialement l'avantage est peut-être immédiat puisque les factoreries ne courent plus le risque d'avoir des commis noirs, infidèles ou imprudents, faisant aux Indigènes des crédits impossibles à recouvrer.

Mais ces Apolloniens qui, ne sont pas tous bons payeurs, commerçants fins et avisés au plus haut haut degré ont depuis longtemps appris à s'approvisionner en Europe. Beaucoup d'entre eux ont, pour correspondants, des compatriotes établis sur la côte qui sont eux-mêmes en relations directes avec des commissionnaires de Liverpool. Les maisons européennes ne tarderont donc pas à payer, en diminution de trafic, le prix de leur prudence excessive. Au point de vue de la pénétration française, cet abandon n'est pas moins regrettable. Quand les agents européens allaient en rivière pour faire des inventaires ou inspecter des coupes de bois, ils se trouvaient nécessairement en contact un jour ou l'autre avec les Indigènes qui apprenaient à les connaître. Dans les pays nouveaux l'abandon d'un poste avancé est toujours une perte sèche pour la civilisation.

Dès notre arrivée au comptoir de Sey, j'eus avec

Tanoh, un premier palabre qui devait être suivi de beaucoup d'autres. Il avait oublié son « Gold Book » à An-Bato et voulait absolument aller le rechercher. Le « Gold Book » *(diah)* d'un Apollonien, — en Attié *Djah*— mérite une description particulière.

Malgré son nom pompeux (livre d'or) Gutemberg n'a rien à voir en cette affaire. C'est un paquet de toile cirée ou de toile d'emballage pour tabac en feuilles, dans lequel se trouvent renfermées deux serviettes blanches... ou qui l'ont été, lesquelles renferment elles-mêmes une petite balance. Les plateaux de cette balance sont rattachés au fléau par des fils très minces. On la tient, pour peser l'or, suspendue à l'aide d'un autre petit fil dans lequel on passe le pouce, en ayant soin d'écarter tous les autres doigts.

Le « Gold Book » renferme, de plus, des poids de formes bizarres établis par comparaison avec l'once troy (3 r gr. 1) et ses subdivisions : une demi-once et les pennyweights (20 à l'once troy). Le *takou* de six pences et celui de cinquante centimes sont faits de petites graines rouges ou noires ; il y a aussi le poids d'un dollar anglais (0.4.6) ; pour peser trois pences (dama) on pèse six pences et on équilibre par moitié.

Le « Gold Book » contient de plus une petite spatule en cuivre pour prendre l'or, une sébile pour l'examiner, une pierre noire pour contrôler les pépites, une plume de poule et parfois un aimant pour expulser les impuretés, enfin une collection de petits morceaux d'étoffe pour envelopper la poudre d'or : voilà les éléments essentiels du Gold Book.

J'ai vu nombre de marchés se régler en poudre d'or et le spectacle n'a cessé ni de m'amuser ni de m'intéresser. Une fois le prix convenu — transaction laborieuse, car le noir demande toujours *une petite réduction*, — les parties, acheteur et vendeur, s'asseyent sur un petit banc, sur un tronc d'arbre ou s'accroupissent sur leurs talons à la façon des tailleurs. Chacun déploie son « Gold Book » ; l'acheteur commence par peser son or mettant successivement dans chacun des plateaux de sa balance l'or et les poids correspondants. Quand on est d'accord sur les poids, après de longues discussions s'il s'agit d'un nombre fractionnaire, — l'acheteur ramasse l'or avec sa spatule et le verse dans la balance du vendeur. Celui-ci fait de même la tare et s'arrange toujours pour qu'il manque quelque chose, — nouvelle discussion. — Puis avec sa spatule il verse l'or dans la grande sébille qu'il tient de la main gauche ; la plume de poule dans la droite, il écarte, en soufflant légèrement, les impuretés. Il repèse l'or épuré, se fait compléter la différence qui n'est pas soumise à la même opération. Il renferme alors son or dans une petite pièce d'étoffe

MARCHÉ DE L'OR

pliée en double dont il creuse le milieu avec le pouce
et attache le tout avec un peu de fil solidement noué.
Il glisse le paquet dans sa ceinture. L'opération est
finie. Savoir essayer et peser l'or est un art relativement difficile et un bon essayeur « Goldtaker », chose
rare, se paye assez cher dans les factoreries de la
Côte[1].

Je ne permis donc pas à Tanoh d'aller à la recherche de son instrument de travail. Mais un Apollonien
dans l'embarras en trouve toujours un autre pour l'en

1. Ce tableau ne serait pas complet si je n'ajoutais la description
spirituelle de la même scène que Binger a faite (*Du Niger au
golfe de Guinée*, t. II p. 104) : « Il est très curieux d'observer et d'as-
« sister à un marché qui se conclut en or. Je passe sous silence
« les débats préliminaires pour arriver au moment critique où le
« vendeur du captif, du cheval, etc., ne veut plus diminuer et le
« marchand d'or ne veut plus augmenter. C'est alors que l'intelli-
« gent Ligony ou Wangara essaie de fasciner son client par la vue
« de l'or. Sans mot dire, il étale devant lui les 3 ou 4 bafiri en-
« roulés dans un chiffon, enlève lentement le fil de coton qui ferme
« ce sachet improvisé, étend le métal dans une petite main
« en cuivre en y promenant sans se presser un aimant afin d'ex-
« traire les parcelles de fer s'il y a lieu. Il force l'autre à examiner
« l'or, le palper, le peser, faisant mine d'en retirer une parcelle, si
« le poids paraît un peu fort, puis il remet la poudre d'or dans les
« chiffons, emballe le tout dans un foulard qu'il sert dans la poche
« de son boubou et dit : « *A Ko di ?* » Qu'est-ce que tu dis
« (décides) ? et sans attendre la réponse il a l'air de se relever.
« L'autre est ébloui par la vue de quelques grammes d'or... et
« croyant que s'il laisse partir le marchand, tout est perdu, il finit
« par céder. »

AHOTOUÉ-RIVIÈRE

sortir et, le surlendemain, un boy du commis de Sey rapporta le fameux « Gold Book » qui devait d'ailleurs nous être indispensable. Mais Tanoh n'en avait pas fini ; car il fut entrepris ensuite par ses compatriotes, les Apolloniens qui lui reprochaient avec véhémence de conduire un « Blanc » en rivière.

Après une nuit d'un repos bien gagné, nous nous rembarquâmes à sept heures du matin et après deux heures de navigation nous atteignîmes Ahotoué.

Nous abordons au comptoir de la « Société Coloniale », tenu par Christian Edmunds, une de mes anciennes connaissances du « Palais », qui ne me garda pas rancune de l'avoir fait condamner.

Ce comptoir est situé, comme tous ceux du cours inférieur de la rivière, sur la rive gauche. Cela tient certainement au voisinage d'Ahotoué, et d'autres centres importants de la région à proximité de la rivière. Les maisons, construites en bambous, sont toutes établies sur pilotis s'élevant à deux mètres au-dessus du sol, genre de construction qu'on retrouve tout le long de la rivière. Seul Okéni peut s'en passer, grâce à la hauteur de sa berge et à la distance qui sépare la rive des premières maisons.

Le pilotis s'impose en raison de la crue des eaux qui, dans la saison des pluies, s'élèvent à plus de dix mètres au-dessus du niveau normal de la rivière et envahissent la berge cependant très-escarpée. On entre dans ces habitations par une échelle juste propre à se rompre le cou. Cependant je trouvai là une installation suffisamment confortable pour un voyageur décidé à n'être pas difficile.

Le lendemain nous nous rendîmes au grand village d'Ahotoué, à peu près à une heure des établissements de la « Coloniale » et de la « Cⁱᵉ de Kong ». Il s'agissait de nous assurer des pagayeurs pour remonter la rivière jusqu'au débarcadère d'Yacassé, car il était évident que nous étions trop peu nombreux pour vaincre le courant de plus en plus violent. Nous sortîmes du comptoir de la « Coloniale » par un étroit sentier embarrassé de troncs d'arbres qu'il faut enjamber ; puis on gravit une colline à pic du haut de laquelle on entrevoit ou plutôt on devine à travers la brousse, les arbres de la rive. Le chemin va, ensuite, assez facile, serpentant en lacet comme tous les chemins de brousse ; d'ailleurs la route que nous suivons se dirige après la traversée du grand village vers Alépée au S.-E. sur le Comoë. Le trajet est de trois ou quatre heures pour les indigènes. Ahotoué, ainsi que tous villages de ces contrées, se compose d'une rue unique percée dans la forêt ; ni parallèles ni transversales : quand le village s'étend, c'est en longueur.

Dès notre arrivée nous nous dirigeâmes vers la

case du chef, construite en pisé comme toutes celles du village, mais bien aménagée. Ce chef nommé Boa est un grand diable taillé en Hercule, jeune encore, portant au poignet le bracelet en ivoire des traitants avec son nom gravé, la barbiche et les cheveux tressés en natte dans laquelle passe une grappe de perles blanches retombant sur la nuque.

Précédé du pavillon et accompagné de Kourbaly porteur de la carabine Colt, j'avais attiré un grand concours de population : *great attraction.*

Une fois dans la case du chef, on commença par échanger les nouvelles. C'est la presse de la brousse : qui dit voyageur dit reporter. Un homme traverse un village, s'arrête quelques instants chez le chef pour le saluer ; il donne les nouvelles des régions qu'il vient de parcourir ; en échange on lui donne celles du pays. Grâce à ce système, les nouvelles circulent avec une rapidité merveilleuse. C'est ainsi que le 11 août, à Adoquoi-Annapé, dans le massif Attié, j'appris deux décès d'indigènes que je connaissais, l'un noyé à Grand-Bassam et l'autre qui avait été, disait-on, tué au delà de Bettié. Pour ce dernier là nouvelle n'était vraie qu'en partie : il avait échappé par miracle au massacre d'une caravane de quarante personnes. Ces faits s'étaient passés une quinzaine de jours avant que la nouvelle ne m'en parvint.

UNE RUE DE VILLAGE

Boa, bien disposé par le cadeau d’une caisse de gin, me montra une lettre de M. Tascher de la Pagerie qui, en 1893, avait infligé une amende aux habitants du village pour avoir troublé le commerce de M. Jules Porquet, aujourd’hui interprète principal du Gouvernement à Grand-Bassam. Boa me fit voir aussi le pavillon français qu’on lui avait remis en constatant la promesse faite par le village de se mieux comporter à l’avenir. Boa me dit qu’il viendrait me rendre ma visite le lendemain matin et me donner sa réponse au sujet des pagayeurs. Il m’accompagna suivant la coutume jusqu’au bout du pays et comme j’étais altéré par cette première course, il fit tomber d’un cocotier quelques noix dont je bus l’eau fraîche avec délices ; quand le fruit vient d’être cueilli, c’est une des plus agréables boissons que je connaisse.

Le vendredi matin, Boa suivi de quelques-uns de ses notables vint en effet me trouver et après quelques pourparlers, rabattit de ses exigences. Il se contenta, pour me procurer dix pagayeurs, de vingt-cinq francs en monnaie anglaise et d’une caisse de gin. Ses hommes devaient être à ma disposition le samedi à six heures du matin. Or, à neuf heures, le jour convenu, je n’avais encore rien vu venir. Edmunds alla aux nouvelles. Il rencontra Boa qui rapportait l’argent et le gin, prétextant que ses jeunes gens, effrayés par la carabine, avaient fui dans la brousse malgré ses objurgations. Les difficultés que j'éprouvai plus tard à me procurer des porteurs me prouvèrent que Boa n'avait probablement pas menti et que ses boys avaient dû, en effet, refuser d'obéir. Mais, à ce moment, nous étions indignés de cette mauvaise foi. Le Sénégalais Correa, ancien tirailleur, se croyant encore en colonne, se permit même de saisir le chef par le bras et de le secouer violemment. Boa poussa deux ou trois cris aigus « oh ! ah ! » en se frappant les lèvres avec la paume de la main, puis se leva pour venger l'injure. J'intervins et calmai Boa avec un verre de gin. Mais je lui fis honte de son manque de parole et j'exigeai et la restitution du prix payé pour me procurer des pagayeurs et celle du cadeau que je lui avais fait ; il y consentit sans trop de peine.

J'aurais été cependant très embarrassé si la veille, un Attié du nom d'Alloh n'était venu, sur ma réputation de « lawyer » me demander de l'aider à mettre à la raison les débiteurs qu'il avait à Yacassé. Il arrivait de la lagune Dabou dans une grande pirogue montée par quatre vigoureux Ébriés. Je fis marché avec eux séance tenante : moyennant deux caisses de gin, ils se chargeaient de me conduire à Yacassé-Rivière. J'emmenais de plus un compatriote de Christian Edmunds qu'il présenta alors comme son frère et qu'il renia plus tard, quand je lui contai les méfaits du personnage. Il se nommait Aikins, connu en rivière sous le nom de Mensah. Fanti de langue anglaise, il parlait ébrié, attié et divers autres idiomes de la région. Cela devait me permettre de contrôler les traductions de Tanoh. Je commençais en effet à me méfier de ce dernier : un Apollonien l'avait menacé de toutes les foudres de l'Apollonie s'il conduisait le « Blanc » au pays de l'or. Tanoh avait pris peur, hésitait, tergiversait et son attitude indécise et douteuse avait déjà fait naître entre mes noirs anglais et lui de vives querelles.

Un nommé John Mitchell, coupeur d'acajou essayait de son côté de détourner Tanoh et de m'effrayer moi-même par le tableau des dangers que j'allais courir. Pour toute réponse, je lui montrai mon revolver ; il comprit et n'insista pas.

Quant à Aïkins, c'était un grand garçon querelleur, gourmand, « chapardeur » ; traduisant fidèlement ce que je lui disais quand il le comprenait ; étourdi, assez travailleur au début, mais il se rattrapa par la suite. Bref partis d'Ahotoué à deux heures de l'après-midi nous abordions à cinq heures sur la rive gauche le campement de l'Apollonien Djeudji, traitant de la Cie de Kong, lequel a donné son nom au campement qu'il a créé, suivant une coutume assez répandue en rivière parmi les traitants Apolloniens. Djeudji est voisin de la ville que dans son récit et sur son itinéraire M. d'Espagnat nomme N'zoghi et qui figure également sur la carte Spick sous la même appellation.

Quoi qu'il en soit je pris chez DJEUDJI et à *N'zo-ghi-Rivière* mon dernier apéritif sous la forme d'un verre de vermouth que m'offrit le maître de la maison; il me fit le cadeau — très apprécié — de feuilles de zinc pour protéger ma cargaison contre la pluie qui commençait à tomber un peu chaque nuit.

Nous quittâmes la place à six heures du matin. Je connus à partir de ce moment un genre de torture auquel je ne me serais jamais cru destiné. Pour surveiller la marche je m'étais porté à l'avant de ma pirogue, n'ayant devant moi qu'Alloh qui connaissait et évitait admirablement bien les difficultés de la rivière, troncs d'arbres immergés et invisibles, bancs de sable, roches sousfluviales, etc.

Là, il fallait gouverner à la perche. Alloh était donc debout, sondant et poussant, tantôt à droite, tantôt à gauche. Mais, dans tous ces mouvements, le bas de son dos s'arrondissait autant que Nature le permettait et le centre de son postérieur m'arrivait juste à hauteur du nez. Je fus héroïque ! Je ne bronchai pas ! Mais je n'aurais jamais pensé voir d'aussi près le derrière d'un nègre !

Alloh était d'ailleurs un brave homme, très attentif et ayant le plus grand soin du « Blanc » qu'il convoyait. J'ai gardé de lui le souvenir d'un des rares
bons Noirs que j'ai rencontrés. Je n'oublierai jamais
les « ah ! ah ! ah ! » jetés sur un ton de plus en plus
rapide et élevé pour avertir le barreur d'arrière d'un
obstacle à éviter, non plus que ses « *Atzè ! Atzè !*
Atzè ! » « Allons ! allons ! allons! » pour presser les
pagayeurs.

Après cinq heures de ce pagayage, nous nous arrêtons sur la rive droite au campement d'un nommé
Atté-Kobreh, traitant de F. et A. Swanzy. Ce campement commande la route d'Ahoué, grand village à une
journée de la rivière Mè et situé au fond de la lagune
Potou, au delà d'Anyamah-Rivière (sur la carte de
Binger : Andiamé). Mais de ce côté on n'y arrive
que par un sentier des plus étroits et des plus pénibles.

Atté-Kobreh tranche du seigneur féodal : il se fait
appeler « chef » gros comme le bras. Il essaya de me
faire subir un interrogatoire, me demandant qui
j'étais et où j'allais. Ces questions sont habituelles
chez les Noirs; mais, le ton d'autorité sur lequel elles
étaient faites me choquait. Je lui demandais à mon
tour de quel droit il me faisait des questions qu'un
Agent de l'autorité française seul avait qualité pour

me poser. J'ajoutai que ce serait bien plutôt à moi, Français, voyageant sous la protection du pavillon national, à m'enquérir de ses faits et gestes dans une région où les « administrateurs » ne vont pas fréquemment.

Au surplus, s'il était « chef » il devait avoir — affirmation hasardeuse — un pavillon remis par le Gouverneur de la Colonie : qu'il le montrât !

L'énergie de ce langage eut un effet immédiat :

Atté-Kobreh devint aussi souple et aussi aimable qu'il était d'abord arrogant et rugueux.

Après une halte consacrée au déjeuner nous reprîmes la route que nous allions suivre toute cette journée et trois autres encore.

Nous laissâmes sur la rive droite les chemins qui conduisent en une étape soit à Brafodomou, soit à Attiéquoi, grands villages situés entre la rivière Mè et la lagune Potou. A quelque distance avant la route de Brafodomou et à quelque distance après l'avoir dépassée, nous franchîmes sans encombre deux rapides. Au premier, Alloh, qui ne boit pas de gin, m'en demanda une rasade pour offrir à son fétiche et nous le rendre favorable.

Chaque soir, entre cinq et six heures nous nous arrêtâmes à d'humbles campements de pêcheurs, établis sur la rive droite. La première nuit, je couchai en compagnie de mes hommes; mais les relents que je dus respirer me guérirent radicalement de cette méthode égalitaire. Aussi le second soir je me fis faire un gourbi en feuilles que Correa m'installa d'autant plus confortablement que la pluie ne vînt pas me déranger. Je n'avais pas de lit de camp; mais la maison *Daudy* m'avait établi une chaise longue très confortable et très portative formant à volonté lit ou fauteuil et dont je recommande le modèle aux voyageurs dans la brousse.

Encore une longue journée de navigation, coupée par un arrêt chez un pauvre vieux pêcheur, qui me prêta complaisamment ses trois fils pour renforcer et soulager mon équipe.

Aussi, à cinq heures de l'après midi, abordions-nous Okeni-Coni, petit port sur la rive gauche. Les abords du village, peuplés de pêcherie, et où la végétation des rives est moins dense, où le lit de la rivière s'est depuis longtemps rétréci, rappellent certains paysages de la Seine vers Melun ou de la Marne vers Nogent. Nous étions signalés depuis trois jours, fait qui s'est d'ailleurs constamment reproduit dans le cours de ce voyage. Le chef fut généreux; un mouton, des poules, des ignames furent déposés devant nous.

Je fus frappé, dès mon arrivée, du grand nombre de bœufs que possède cette population. Ils sont de

LA MAISON DAUDY

belle race, à petites cornes, moins beaux cependant que ceux que je rencontrerai plus tard à chaque étape. Le palabre d'arrivée à peine terminé, il se passa un fait amusant. Un de ses moutons étant mort subitement devant nous, le chef se mit à parcourir le village, en criant à tue-tête : « Mon mouton est mort : qu'est-ce qui a tué mon mouton ? » Et comme s'il n'avait pas de confiance dans son annonce parlée pour découvrir le coupable, il se glissait près de chaque maison, se dissimulant derrière les clôtures et, en catimini, il essayait de surprendre les conversations. Naturellement il ne surprit rien ni personne : son mouton était mort du *tournis*.

Pour notre dernière étape, commencée le lendemain à 8 heures du matin, le chef nous prêta quatre boys destinés à remplacer les trois fils du vieux pêcheur qui nous avaient quittés dès notre arrivée à Okeni.

Cette dernière étape fut dramatique : trois rapides à franchir, des échouages sans nombre; Alloh fut, comme les jours précédents, merveilleux de sang-froid et d'habileté. Il avait un barreur d'arrière qui était bien le Noir le plus sot qu'on pût imaginer — et ce n'est pas peu dire. — Sans Alloh nous aurions chaviré cent fois. Cependant à un dernier barrage fait d'un reste de pêcherie en travers de la rivière, et presque entièrement recouvert par les eaux, nous faillîmes rester en route : mon canot avait aux trois quarts franchi l'étroite ouverture ménagée pour laisser passage aux pirogues ; mais l'arrière restait engagé et, la force du courant qui faisait cascade dans le barrage nous entraînant, nous allions certainement faire « cap-side ». Voyant le danger, Alloh et Tanoh d'un côté et des Noirs qui travaillaient sur la rive, d'autre part, se jetèrent à l'eau et à force de bras, nous tirèrent de ce mauvais pas.

Enfin, à quatre heures et demie de l'après-midi, nous arrivions à Yacassé Rivière. A peine débarqués, une pluie torrentielle qui dura toute la nuit assaillit le pays. C'était le 18 mai, il y avait neuf jours que nous avions quitté Grand-Bassam sur lesquels nous comptions plus de six jours pleins de navigation. Nous avions fait environ 150 k. sur la rivière Mè. Ahotoué-Rivière est en effet à près de 80 k. de Grand-Bassam mais An-Bato est à mi-chemin, soit d'An-Bato à Ahotoué Rivière 40 k. dont il faut déduire 5 k. d'An-Bato à l'embouchure de la rivière, il reste donc de ce port à Ahotoué Rivière environ 35 k. En comptant comme l'indiquait mes observations au loch notre vitesse à 3 k. à l'heure pour 62 heures, cela faisait un total de 182 k. avec cette réserve que, grâce au courant, aux sinuosités et à la nonchalance des pagayeurs, la vitesse de 3 k. est loin d'être constante et constitue un maximum. En évaluant la distance *effective* entre Yacassé-Rivière et l'embouchure de la rivière Mè à 150 k. je crois être assez près de la vérité. Il va sans dire qu'à vol d'oiseau et réduisant à la distance méridienne des points extrêmes ce parcours doit être sensiblement réduit et peut-être ramené à 100 kilomètres.

Nooboh, le traitant Apollonien qui a construit et qui habite le petit village d'Yacassé-Rivière est un homme riche, si on en juge par le chiffre des créances qu'il avait sur différents habitants d'Yacassé et qui ne s'élevaient pas à moins de 5.000 francs. Nooboh m'amena un de ses enfants albinos, le teint blanc comme celui d'un mulâtre clair, les cheveux et les cils roux. Le pauvre petit, vêtu d'une chemise en loques, vint timidement me dire bonjour. Son père avait l'intention de l'envoyer à l'école de Grand-Bassam. Je suppose qu'il veut ménager à son fils, mal armé pour la vie indigène, les moyens de vivre en travaillant près des Européens. Ce ne doit pas être là d'ailleurs un cas exceptionnel d'albinisme, car j'ai vu dans l'Attié, surtout chez les Acqua des vallées inférieures, un grand nombre de bambins aux cheveux et aux cils roux et ayant une tendance marquée à l'albinisme[1].

1. L'amiral Fleuriot de Langle cite à ce propos son passage à Cosroë... où il trouva toute une tribu de nègres blancs, aux yeux

Avant de prendre congé de Nooboh et de son campement et de m'éloigner pour longtemps de la rivière Mè, je dois raconter une histoire dont on me fait part et qui « illustre » singulièrement les mœurs de la brousse.

Nooboh était en relations d'affaires avec Richmunds, un des plus riches traitants de Grand-Bassam. Il réclamait à ce dernier une somme de 12.500 fr. que Richmunds se refusait énergiquement à payer. Qu'imagina alors Nooboh? Il n'alla pas trouver l'huissier; mais, de son campement, il fit contre Richmunds, en ce moment à Grand-Bassam, un fétiche de vengeance. Et quelques jours après, à une distance de près de 200 kilomètres, Richmunds rendait le dernier soupir. Le poison n'a-t-il pas aidé le fétiche dans cette opération qui rappelle les envoûtements du moyen âge? La question peut se poser car le poison est l'arme favorite du Noir. La crainte et le souci du poison ont marqué d'une empreinte indéniable les gestes les plus familiers.

Dans la brousse, un homme ne vous offre rien à boire sans y avoir goûté lui-même; s'il s'agit d'un

bleus et aux cheveux rouges qui sautillaient à travers le sable et se roulaient dans l'eau. Ce sont des albinos. Chose qui n'est pas rare et qui se localise dans quelques villages d'une tribu sans qu'on puisse se rendre compte des causes qui ont engendré ces nègres blancs. (Binger, t. II, p. 335).

présent « sec », vivres ou tabac, il le lèche pour vous prouver que vous pouvez les manger ou le fumer sans crainte; il ne vous donnera pas la main sans la porter d'abord à sa bouche, pour montrer qu'il ne s'est pas mis au bout des doigts quelque substance vénéneuse qu'il vous communiquerait dans un « shake-hand ».

Le Noir, en résumé, a à sa disposition des poisons végétaux très subtils, ne laissant aucune trace de leurs effets et il est passé maître dans l'art de les préparer et surtout de les administrer.

CHAPITRE III

DANS LA BROUSSE

YACASSÉ. — BRIGNAN ET BÉDÉCÉ. — ANO. — BOU-
DÉPÉ. — DIAPÉ. — LES MIATZÉ. — MASSADJI. —
ADOQUOI.

Yacassé. — Je ne suis ni un marcheur intrépide,
ni un gymnase alerte; myope comme une taupe, je
mets généralement le pied où il ne faut pas, et je
suis devenu explorateur par nécessité plus que par
vocation. Cet aveu préliminaire me dispensera de
conter par le menu, toutes les mésaventures, les
unes douloureuses, les autres comiques que j'ai eu à
subir au cours de mes pérégrinations.

Du reste mes souffrances n'ont duré que tant que
j'ai persisté à porter des chaussures. Du jour où entre
Diapé et les Miatzé j'ai renoncé à cet accessoire
incommode de notre toilette civilisée, j'ai presque pu

marcher à l'aise comme une personne naturelle. J'ai eu, ce jour-là, la preuve expérimentale, que pour le voyageur dans la brousse, la meilleure semelle est suivant la pittoresque expression du troupier « la semelle du père Adam. » Les Noirs de l'Attié le savent bien, ils connaissent les chaussures puisqu'ils ont un nom (*babouah*) pour les distinguer; ils les connaissent mais ne s'en servent pas. Marchant pieds nus et avançant par bonds successifs, ils font aisément quatre mille anglais à l'heure soit environ six kilomètres et demi. Ils maintiendront cette allure pendant douze heures de suite, ne s'arrêtant, dans les villages qu'ils traversent que juste le temps de donner et de prendre les nouvelles (*Amanio* : Ecoutez! voici les nouvelles).

Le jeudi 19 mai, à huit heures du matin, je me mis en route pour Yacassé. J'avais pour compagnons Nooboh, Tanoh, Hémens, Kourbaly et le boy Amat, promu, pour la circonstance, aux fonctions de porte-fanion. Le reste du convoi devait nous rejoindre le lendemain. Nous marchions à peu près constamment vers le Nord magnétique. Il nous fallut d'abord escalader une haie à claire-voie haute de deux à trois mètres et telle qu'on en trouve à l'entrée de chaque village, à deux kilomètres en deça et au delà. Elles ont pour but d'empêcher les bœufs de trop s'éloigner quand ils vont, dans la journée, pâturer le long du sentier.

Nous passâmes par une série de montées et de descentes, de marigots où nous avions de l'eau tantôt jusqu'au milieu du mollet, tantôt jusqu'au dessus du genou. Entre autres, nous rencontrâmes le lit d'une petite rivière, dont les eaux, grossies par la pluie de la veille, coulaient sous mes pieds et dans mes chaussures, roulant de l'or sur un lit de kaolin.

Vers midi nous atteignîmes Yacassé. Cette ville se trouve placée sur une hauteur que j'estime à cinquante mètres en verticale au-dessus du niveau de la rivière. Les femmes regardent sur le pas de leur porte, les boys se bousculent pour nous suivre... à distance respectueuse et c'est ainsi que nous entrons chez Baféri, troisième chef d'Yacassé, quelque chose comme prévôt des marchands.

Le palabre commence entre les porte-cannes, celui du chef et Tanoh qui occupe l'emploi près de moi.

Le porte-canne tient une place considérable dans la vie publique du Noir. Tout chef, grand ou petit, a son porte-canne, quelquefois deux. Le porte-canne est un personnage : c'est l'interprète, le gardien des traditions, le Ministre des Affaires-Étrangères, l'ambassadeur et le prêtre officiant dans les cérémonies du Fétiche. Aussi l'interprète du Gouvernement à

Grand-Bassam, ne manque-t-il jamais d'emporter, dans ses missions à l'intérieur, sa canne de tambour-major qui est le signe officiel et extérieur de sa fonction. Quand l'Européen arrive chez un chef noir, il

UNE ENTRÉE DE VILLAGE

s'installe dans la cour, sur une chaise s'il en a une ou sur un siège quelconque. Son interprète et ses gens vont saluer le chef et son entourage. « *Agno ! Agno !* Salut ! Salut ! Bonjour ! » Après quelques instants, le chef précédé de son porte-canne et des hommes considérables de l'endroit défilent à leur tour devant l'Européen et sa suite et leur rendent la politesse « *Agno! Agno!* » Un silence. Le chef s'adressant au « Blanc » et à ses gens dit : « *Akouhabo!* » « Soyez les bienvenus! »

AUTRE ENTRÉE DE VILLAGE

Le palabre commence. L'interprète de l'Européen donne les nouvelles des localités qu'on vient de traverser et en retour on lui fait la chronique récente du pays. Puis l'interprète traduit une courte allocution dans laquelle j'explique succinctement le but du voyage, sans trop farder la vérité ; ces gens ont tellement l'habitude du mensonge que le meilleur moyen de leur cacher ce qu'on veut faire est de le leur dire.

Le thème que je développais sur toute ma route, presque jusqu'au dernier moment, était le suivant : mes compagnons Fyne et Hèmens sont venus pour faire du commerce et je serai heureux de voir leurs affaires prospérer.

Quant à moi, mon intention était d'étudier le pays, de faire connaissance avec les chefs et le peuple, de savoir si les Européens trouveront des voies d'accès et seront bien accueillis, ce qui ne peut manquer de profiter aux Indigènes en supprimant les intermédiaires. Je viens pour la paix et non pour la guerre comme en fait foi le pavillon que le « Chef des Blancs » m'a remis à Grand-Bassam avant mon départ. Ils doivent savoir d'ailleurs, qu'aussi longtemps qu'on le respecte, le pavillon français signifie « paix et travail ». Après ce petit exposé que je fais en anglais — ce dont je peste intérieurement — qu'Hèmens traduit en fanti et que Tanoh retraduit en attié, la cérémonie est terminée, je me lève, je vais à la rencontre du chef pour lui serrer la main. Ce n'est que plus avant dans l'intérieur qu'il faudra faire fétiche Le chef me fait apporter une poule, des œufs, des bananes, et je lui offre en retour quelques bouteilles de gin. Le lendemain je ferai mon cadeau, en échange duquel le chef après m'avoir remercié m'offrira à son tour un mouton, un cabri, quelquefois un jeune veau. Mes gens iront le remercier en mon nom : cérémonial universel qui ne varie pas et qui vient certainement de chez les Achantis qui l'ont transmis aux Agni et aux Attiés.

Et puis... l'Européen n'a plus rien à attendre. S'il a besoin de quelque chose, il doit le payer avec du gin, du tabac de traite, trop heureux si on n'exige pas de lui de la poudre d'or, monnaie courante dans cette région.

Le voyageur noir, lui, a toujours la « foutou » à sa disposition et on ne le lui refuse jamais.

Le Noir observe le cérémonial que je viens de décrire avec une fidélité servile. Il vous exploitera, vous dépouillera, vous laissera par la suite mourir de faim, vous refusera sous les prétextes les plus futiles des porteurs pour vous convoyer et vous ravitailler, mais il ne manquera pas de vous souhaiter la bienvenue, de vous donner la pitance d'arrivée, de vous saluer le matin d'un « *Agno* » (bonjour) le soir d'un « *Anounoh* » (bonsoir) sans compter bon après-midi (*Mateo*) et bonne nuit *Lagbeo* (mot à mot : je vais dormir).

1. V. Binger, tome II, pages 136 et 230.

Quand vous partirez, après avoir difficilement obtenu quelques hommes pour porter les choses les plus essentielles, le chef tiendra à vous accompagner au moins jusqu'au bout du village, quelquefois à un ou deux kilomètres en dehors et en vous quittant il vous présentera les deux mains dans lesquelles vous devrez faire mine de cracher. Cela signifie qu'il a rempli vis-à-vis de l'étranger toutes les obligations d'usage et que celui-ci le décharge de toute responsabilité et de toute réclamation.

Le palabre terminé, Baferi consulta son fétiche et celui-ci s'étant montré favorable, il me promit de faire prendre le lendemain matin mon bagage à Yacassé-Rivière qu'il appelle Nooboh soh (*soh*, lieu, placé, village, dans le dialecte attié-acqua, *village de Nooboh*). Il me donna, de plus; une chambre, dans une maison bâtie sur pilotis, la seule du village, bâtie évidemment par imitation de celles de la rivière ; mais ici sans utilité.

Je suis l'objet d'une curiosité sans fin. Les boys m'entourent au point de m'empêcher de respirer, et je dois mettre Kourbaly en faction pour me réserver un peu d'espace.

Dans le courant de la journée j'apprends qu'il y a deux autres chefs bien plus importants que Baferi ; Yapo le chef politique qu'Hémens décore du titre

« King » (roi) et Gadoheh qu'il salue « Landlord » ou seigneur de la terre (mot à mot : propriétaire de la terre).

C'est en effet une particularité assez curieuse de l'organisation sociale de tous ces peuples qu'à côté du chef politique et du chef de guerre (le *Captain*, dit Hémens) on trouve toujours un troisième personnage qui a la garde de la terre du pays et qui la répartit en fiefs et tenures temporaires entre les habitants ; non pas propriétaire lui-même, mais conservateur du bien collectif.

Quelle est l'origine de cette institution ? Le chef de la terre est-il représentant d'une race d'abord conquérante sur laquelle les autochtones auraient repris la suprématie politique ? N'est-il pas plutôt le représentant de la race autochtone qui aurait conservé ou reconquis une certaine indépendante sociale ? Bien que cette dernière hypothèse me paraisse la plus probable, je laisse le soin d'élucider la question et de résoudre le problème aux personnes qui ont le goût de l'ethnologie et le loisir de la cultiver.

Pour moi, modeste voyageur, je me contente de décrire ces coutumes et ces organisations primitives, dans l'espoir de fournir des matériaux à la sociologie future.

Le soir, on m'apprend la mort d'un notable de pays ;

c'est regrettable pour lui et surtout pour moi, car les cérémonies des funérailles ne peuvent manquer de me retarder. Je trouve ici deux petits Gabonais, parlant très bien français, venus, il y a un an, à Grand-Bassam, l'un comme tailleur, l'autre comme blanchisseur; ils ont prospéré et font maintenant de la traite pour leur propre compte.

Il y a aussi un certain nombre d'Apolloniens qui m'entourent et m'assiègent. C'est à qui sollicitera une faveur; l'un veut que je fasse palabre pour lui faire payer ses dettes; l'autre me demande un papier pour les chefs de la région afin d'être bien traité. Je résistai à toutes ces suggestions : je n'avais ni qualité ni intérêt à satisfaire à leur requête : m'immiscer dans les querelles locales, ne pouvait que me créer des ennemis. Et pour avoir la moindre envie de leur rendre service, j'étais trop mécontent des agissements de ces mercantis qui semaient le soupçon en avant de mes pas pour me fermer les routes de l'intérieur et s'en réserver le marché.

Yacassé est leur quartier-général : ils y viennent, soit par la Rivière Mé, soit par Alépée qui n'est qu'à quatre jours de distance pour un marcheur indigène.

C'est à Yacassé que viennent s'approvisionner, comme dans un entrepôt central; tous les villages du Nord et de l'Est de l'Attié et presque toutes les routes venant de l'intérieur convergent vers Yacassé.

Dans une lettre adressée à cette époque au Gouvernement de la Côte d'Ivoire, je signalais la nécessité et la possibilité de relier Yacassé à Anyamah-Rivière, au fond de la lagune Potou, laquelle est entièrement et toujours navigable aux vapeurs. Mais la réflexion m'amena plus tard à préférer l'exécution préalable d'une bonne route entre Alépée et Yacassé, avec un pont sur la Rivière Mé, pour lequel le bois se trouverait à pied d'œuvre.

Le vendredi matin le reste de ma colonne arriva; après son installation et la vérification des colis, j'allai rendre visite au « Roi » et au « Landlord ».

Yapo, le Roi est un homme d'une cinquantaine d'années, à la taille moyenne, mais bien prise et robuste, aux petits yeux, percés en vrilles, vifs et intelligents, à la moustache rare et grisonnante. Il est coiffé d'un sombrero à larges bords : tout cela lui donne un faux air de Melingue dans le rôle de Don César. Il tient à la main une longue canne dont la pointe est un bout ferré et dont la pomme est une main de justice en ivoire finement travaillée. Chez le « Landlord », vieil Attié à la barbiche grise tordue en natte, on me prie de ne pas fumer. Dans la cour se trouve en effet la case du « Fétiche de l'or »; il paraît que le dit Fétiche n'aime pas l'odeur du tabac;

si j'allais l'irriter et ne pas trouver d'or ! Aussi juge-t-on que je déférai sans résistance à une invitation faite d'ailleurs courtoisement.

Le soir, les chefs, ému par les racontars des Apolloniens, vinrent me trouver pour me prier de ne pas me mêler aux palabres, ce que je leur promis sans peine. Ils avaient même, ainsi que je l'appris plus tard, invité Alloh à ne pas me confier le soin de faire rentrer ses créances, afin de ne pas permettre l'immixtion d'un « Blanc » dans les affaires de la contrée.

Ils me demandaient ensuite ce que j'avais l'intention de faire ou de ne pas faire. A cette insidieuse question, je répondis que j'avais l'intention de ne rien faire qui fût injuste, ou qui blessât leurs coutumes. Au surplus je ne devais compte de ma conduite qu'au Gouverneur ou à ses représentants et par conséquent il n'y avait pas lieu d'insister. Les chefs comprirent très bien cette réponse et me demandèrent seulement de ne pas ouvrir de crédits, ne voulant pas avoir à répondre des débiteurs. Sur ce point, je les rassurai complètement et nous nous quittâmes bons amis.

Après leur départ, je fis un brûlot avec du gin et du sucre et, comme le gin ouvre les bouches et les cœurs « noirs », j'obtins de Tanoh, l'aveu que ses compatriotes les Apolloniens l'avaient menacé des plus cruelles représailles s’il me conduisait à l’endroit convenu. Cela m’expliqua la proposition qu’il me fit le lendemain soir, au nom des chefs, de me racheter ma cargaison si je consentais à retourner sur mes pas.

Je fis semblant d’agréer cette offre, mais je demandai un tel prix que je n’entendis plus parler de rien. Cela m’expliqua aussi les tergiversations de Tanoh et le changement d’itinéraire qu’il m’imposa plus tard.

Le lendemain fut un jour d’attente. J’eus la visite d’une femme « fétiche », déjà mûre, curieusement bariolée de blanc, les yeux cerclés en lunettes, les pieds chargés de lourds anneaux de cuivre auxquels pendaient des grelots qui tintinnabulaient lugubrement. Comme elle m’apportait des œufs frais, je lui offris un verre de gin qu’elle vida d’un trait, puis elle retomba dans une sorte d’hébètement contemplatif, roulant de droite et de gauche des regards ahuris.

Je la surpris beaucoup et l’effrayai un peu en faisant prendre feu à une allumette avec une loupe biconvexe convenablement dirigée. Je ne doute pas que cette expérience de physique élémentaire ne me vaille les invectives du journal parisien qui m’accusait naguère de faire de la sorcellerie : mais vous savez… !

Visite aussi de Dédé, chef d’*Ahouawy*, localité au Sud-Est d’Yacassé, qui sera ma dernière étape de retour.

Le samedi était, paraît-il, jour de fête, car mon hôte Baferi s'offrit un petit concert : un boy jouait un air monotone dans une corne d'ivoire percée d'un trou latéral ; un autre remuait une calebasse de tam-tam rempli de petits cailloux donnant un son de crécelle ; enfin un dernier « artiste » muni d'un instrument à trois cordes, accompagnait sa musique d'un chant réduit à deux paroles modulées sur tous les tons de la gamme et sur d'autres encore : « *Ahoura, nascio !* » c'est-à-dire « Maître, merci ». *Ahoura !* est le « Domine » des Romains de la décadence. Il faut croire que ce charivari abominable eut le don de plaire à « Ahoura Baferi », car pris d'enthousiasme, il se leva et se mit à esquisser un léger pas de « chahut ».

A ce moment je l'observai, son gros corps se balançait sur ses hanches et sa figure placide, qui me rappelait celle d'un notaire de mes amis, prit un air indescriptible de satisfaction bestiale.

Un peu plus tard, il me fit appeler pour assister au tam-tam qu'on dansait en l'honneur du mort. Formés en une immense ellipse, dont les tambourinaires occupaient les foyers, les jeunes gens et les boys, même de tout petits, dansaient la danse de guerre. Le dos courbé comme pour éviter la fusillade, ils chantaient une psalmodie lugubre et remuaient des crécelles au long col.

Le chef de guerre coiffé d’une peau de singe à laquelle on avait à peu près donné la forme d’une casquette, armé de son sabre-machete à la lame taillée en dents de scie conduisait le bal. Pendant ce temps d’autres jeunes gens armés de fusils faisaient parler la poudre. Le tout faisait un tapage assourdissant ; aussi, sans m’attarder, regagnai-je le logis et le dîner.

Enfin le dimanche eut lieu le grand palabre dans lequel on devait discuter le concours à me donner pour continuer ma route. Le palabre se tint dans la rue. Assis devant la porte de la maison, ayant tout mon monde à mes côtés, le pavillon flottant au vent et Baferi près de moi comme mon hôte et mon répondant ; j’avais en face de moi le « Roi » et le « Landlord » ; le peuple, c’est-à-dire environ trois cents personnes, était rangé par compagnies à droite et à gauche des chefs. Comme ceux-ci avaient deux porte-cannes, je ne pus pas faire moins que d’en avoir autant.

Ce fut Aikins qui tint le second rôle, auxiliaire de Tanoh pour donner les répons « *Ampah !* » c’est bien, « all right ! », après chaque période de l’interlocuteur et « *Cra-cra-cra* », « j’ai dit », *Dixi,* quand le discours de son chef de file est terminé. Le gaillard avait un air sérieux à faire pouffer de rire ; il donnait à boire à son fétiche-canne avant de boire lui-même, en marmottant n'importe quoi, comme le bushman marmotte une invocation.

On me déclara que la route m'était ouverte ; sans doute je pouvais trouver en chemin des peuplades en guerre entre elles, mais je n'avais rien à redouter, à condition de ne pas m'en mêler. Enfin on me promit pour le mardi matin trente hommes ; je donnai, en échange de cette promesse, deux caisses de gin qui, ajoutées à trois autres, faisaient cinq caisses pour lesquelles j'avais eu des œufs, des poules, des bananes, des ananas, et trois moutons dont deux seulement furent mangés, Baferi ayant omis de faire suivre le troisième sous le fallacieux prétexte qu'il était mort.

Ce palabre, aussi bien que tous ceux auxquels j'assisterai par la suite, fut loin d'avoir le caractère grandiose de celui qui se tint en décembre 1896 à Anyamah-Rivière. Quelques jours auparavant, les commis des différentes factoreries vinrent me prévenir qu'un grand palabre allait avoir lieu sur le territoire de la station pour mettre fin à la guerre qui depuis dix ans sévissaient entre les Ébriés et les Attiés du S.-O. Nouvelle guerre de Troie, qui n'aura jamais son Homère ! Au jour dit, les Attiés d'Anyamah descendirent avec leur roi, leur chef de guerre, et deux cents guerriers armés de fusils, sans compter de nombreux postes placés dans la brousse et dont le tacticien le plus « ferré » sur le *Service en campagne* n'aurait pu qu'approuver la distribution. De leur côté les Ébriés avec leur roi vêtu d'une toge noire brodée de lunes et de dragons bleus et coiffé d'un bonnet carré de mi-

[LE DÉBARCADÈRE D'ANYAMAH

nistre protestant, arrivèrent en nombre égal d'Akan-djé, traversant la lagune en pirogue.

La présence de ces quatre à cinq cents guerriers écoutant en silence le cérémonial des Porte-cannes avait quelque chose d'imposant.

Le cadre d'ailleurs était digne du tableau ; au pied

du petit port d'Anyamah où se tenait le palabre, la lagune étincelait de soleil sur une longueur de dix kilomètres, entourée d'une ceinture de collines et de forêts. Le village avec ses maisons en bambou et en pisé semblait une sentinelle avancée de la civilisation au seuil de la barbarie. Le palabre eut lieu entre les porte-cannes qui mangèrent le fétiche de paix. Nulle discussion ; les choses avaient été évidemment concertées au préalable, les conditions imposées et acceptées à l'avance. J'avais à côté de moi le gros William Thompson, commis de la « Coloniale » ; le voyant prendre des notes, je lui demandai ce qu'il faisait ; il reportait pour la « Weckly News » de Sierra Leone. Voilà un confrère dont M. Chincholle n'aurait jamais soupçonné l'existence. Après le palabre, les Attiés dansèrent le tam-tam de guerre. Le chef au centre, les guerriers serrés autour de lui, suivis du tambour battant la charge, tous courbés pour éviter le feu de l'ennemi, montaient et descendaient la rue du village en poussant le cri de guerre. Ils avaient, d'ailleurs, profité de mon absence pour me dérober cinq sacs de sel que je me fis restituer. Au milieu de la nuit suivante on vint me réveiller au nom du roi des Attiés qui voulait faire palabre. Je lui répondis que la nuit était faite pour dormir et que je ferai palabre à neuf heures du matin. Ils avaient dû payer trente paquets de manilles (soit 110 fr.) comme indemnité pour la paix et ils désiraient que les factoreries du village en prissent la moitié à leur charge. Je repoussai cette demande : ami des Attiés et des Ébriés, nous ne pouvions prendre parti dans la querelle.

Nous avions offert le gin à raison d'une caisse par maison : nous ne pouvions faire plus. Cette réponse avait été très bien comprise et acceptée, quand j'appris qu'un commis d'une maison étrangère, en ce moment au grand village, avait pris au retour du Roi, l'engagement auquel je m'étais refusé de souscrire : il devait nous faire payer les quinze paquets de manilles. Quand il revint, je lui signifiai que je ne voyais pas d'inconvénients à ce qu'il payât la contribution s'il jugeait à propos de le faire. Mais, en sa qualité d'étranger, employé au service d'une maison étrangère, je lui interdisais de s'immiscer dans des affaires qui pouvaient prendre un caractère politique et je prévins les commis des maisons françaises que s'ils payaient quoi que ce fût j'en avertirai leurs chefs. Ils se le tinrent pour dit et le commis étranger paya seul les quinze paquets de manilles.

Pour en revenir à Yacassé, en attendant le départ fixé au mardi, je regardai attentivement autour de moi. Le sol de cette région est une roche ferrugineuse et j'ai apporté de Bécédé, la ville que je visitai après Yacassé, des échantillons assez curieux, d'abord très sensibles à l'aimant et que je crois être du sesquioxyde de fer. Le cotonnier pousse en pleine terre. Le bétail est superbe. C'est une contrée riche et, tout au moins à Yacassé, le peuple qui l'habite a conscience des dons que la nature lui a prodigués. Malgré cela on a le sentiment qu'on entre en pleine sauvagerie et l'impression en est si frappante que mon boy Amat me fit la réflexion suivante :

« Tu vois, Monsieur, les « Blancs » de Grand-« Bassam qui nous appellent Bushman, qu'est-ce « qu'ils diraient s'ils venaient ici ? »

La remarque était judicieuse, mais pour ne pas permettre au boy Amat de s'enorgueillir plus que de raison, je lui répondis à côté :

— « Si les « Blancs » n'étaient pas venus à Grand-« Bassam, vous seriez tous restés aussi bushman que « les gens d'Yacassé !

D'ailleurs il faut croire qu'Amat non plus que les autres boys n'avaient le goût des voyages, car les deux miens et ceux de Fyne prirent la fuite le lundi matin. Le boy Assouin m'avait déclaré la veille qu'il avait peur d'aller plus loin et comme cet enfant pleurait, je le laissai libre de s'en retourner. Mais Amat à qui je donnai un shelling et un bout de cigare pour récompenser sa « fidélité », le suivit en me dérobant quelques biscuits. J'envoyai à sa poursuite mais il fut impossible de le joindre. Je suppose qu'ils auront tous trouvé asile chez l'oncle d'Amat, traitant Apollonien qui s'est bâti un petit village près de la rivière sur la route d'Yacassé.

Yacassé a été visité dans l'été de 1895 par M. Léon Picard, un mulâtre de la Réunion, très intelligent et très énergique qui a longtemps coupé l'acajou dans la rivière Mè pour le compte de M. Verdier et de la la Compagnie de Kong. Il était accompagné de M. Léon Erbe, agent général de la maison Verdier, qui a laissé de cette exploration un récit manuscrit que j'ai eu sous les yeux et qui est des plus intéressants. Je tiens d'autant plus à noter ce précédent, qu'à partir de Brignan-Bécédé jusqu'à Adoquoi-Annapé où je reprendrai l'itinéraire de M. d'Espagnat, mon exploration me conduira dans des régions et des villes jusque là inexplorées : *Cuique suum*.

Enfin le mardi 24 mai arriva; les trente porteurs promis faisaient défaut; malgré tout le gin que j'avais donné, il me fallut ajouter un sac de sel pour obtenir de Baferi une douzaine de personnes qui transporteraient les effets personnels. Et je laissai Hémens, en proie à un accès de fièvre, à la garde des marchandises.

A onze heures du matin nous nous mîmes en

route ; Baferi nous conduisit jusqu'au bout du village, mais, outré de ses procédés de la dernière heure, j'oubliai de lui serrer la main.

Brignan-Bécédé. — Six heures et plus d'une route de brousse. Peu de marigots. Un peu de pluie. C'est toujours le même tableau : un sentier très étroit qui serpente par coudes très rapprochés les uns des autres, tantôt montant, tantôt descendant ; à droite et à gauche une épaisse muraille de verdure ne laissant percer aucun horizon. Ma vue est soumise à une douloureuse épreuve. Quand je marche sous la feuillée, mes yeux se reposent à l'ombre ; quand je chemine en plein soleil, je supporte la lumière sans trop de fatigue ; mais si par malheur la feuillée éclaircie laisse tomber çà et là des rayons de soleil qui se jouent sur le sol, faisant des damiers d'ombre et de lumière, ma vue se brouille, je finis par ne plus rien voir, j'hésite et je retarde la marche.

Je me suis habitué à tout : aux troncs d'arbres qu'il faut escalader, aux épines et aux cailloutis qui s'enfoncent dans les pieds, aux ronces qui, du haut en bas, vous déchirent le corps, aux trous dans lesquels on disparaît au risque de se rompre bras et jambes, aux marigots où l'eau vous vient jusqu'au cou ; mais je ne suis pas fait encore aux caprices de la lumière ; la prochaine fois — si je recommence — je me munirai de verres fumés.

Du reste, pour cette route comme pour toutes celles que je ferai dans ce voyage, on me fait prendre

UN SENTIER — PIÉGE A FAUVES

la plus longue. Mais je sais de façon certaine que les indigènes ont des voies plus courtes dont ils se réservent l'usage en cas de péril. C'est pour cette raison qu'ils en cachent l'existence à l'étranger, blanc ou noir, qui peut être l'ennemi de demain.

Enfin après une courte halte dans un hameau situé

à mi-côte de la dernière hauteur et dans la seule clairière que j'ai rencontrée, nous arrivons entre 6 et
7 heures du soir chez Ambuah, chef du Petit Bécédé
ou Brignan, sur un plateau sensiblement plus élevé
que celui d'Yacassé et après avoir fait presque constamment Ouest-Nord-Ouest.

Il est curieux de remarquer que *Brignan* (*la bonne
ville*) est le nom que se donnent les indigènes de
Grand-Lahou et que *Bécédé* est le nom d'un village
des environs de Tiassalé.

Il y a là la preuve d'une émigration ou d'une colonisation faite par des gens descendus aux rives du
Bandamara et qui sont sortis des Attiés. Du reste,
d'après les informations que je recueillerai, nous ne
serons qu'à un jour d'Abay, village au Nord-Nord-
Ouest de Brignan-Bécédé et qui ne serait lui-même
qu'à trois ou quatre jours de Tiassalé.

Au milieu de la cour carrée de la case d'Ambuah
est planté un superbe palmier, protégé par un entourage en planches taillées à coups de machète. C'est
l'arbre fétiche, le protecteur de la maison.

Je compte dans la cour huit superbes génisses, de
jeunes veaux, des moutons, des cabris, des poules.
Le palabre commence ; il n'offre d'autre particularité
que la présence de deux porte-cannes, dont le second
se borne à émailler et à ponctuer d'interjections ap-

probatives le discours du premier. C'est de l'effet le plus comique.

Nous logeons chez le chef.

La maison en grès rouge de forme rectangulaire ; sur les murs une application de calcaire blanc dessine des arabesques très-primitives, qui dénotent déjà la recherche de la fantaisie, cette sœur aînée de l'art. De larges « *atria* » ouvertes et surélevées de deux marches sont les salons de réception. Fermées par une petite porte, les chambres où l'on repose affectent la même disposition, si bien que l'on ne couche jamais à même le sol.

Dans la cour, une vérandah formée par le prolongement du toit de chaume, court le long de la construction, ménageant ainsi une ombre à peu près constante ; le niveau de la cour est plus élevé au centre et va en s'abaissant jusqu'aux issues de façon à ménager des ruisseaux d'écoulement pour les eaux ménagères et pluviales, les dernières étant aussi en partie recueillies dans des vases. Plus ou moins agreste, j'ai rencontré partout ce genre de constructions. Au Grand Bécédé, à Ano, à Boudepé, j'ai trouvé chez les chefs, et chez les chefs seulement, des cours rondes, mais à cela près, l'aménagement général est le même.

Le surlendemain de notre arrivée, Ambuah envoya vingt-six porteurs chercher les colis à Yacassé. Hémens, au lieu de surveiller le départ, prit les devants, si bien qu'une partie du convoi resta en arrière. Pour s'excuser et répondre aux reproches que je lui fis, Hémens raconta plus tard qu'à quatre heures du matin, il fut réveillé par Alloh qui vint le prévenir que Baferi, effrayé par les menaces des habitants qui lui en voulaient de nous avoir reçus, hébergés et surtout insuffisamment exploités, avait résolu, n'osant pas s'attaquer à un Européen, de l'offrir en sacrifice en mes lieu et place. Cette histoire d'ailleurs ne me fut racontée qu'à Ano, alors que je ne pouvais plus interroger le soi-disant témoin ; aussi demeurai-je et suis-je encore convaincu qu'elle fut inventée après coup et que c'est une pure... fiction pour ne rien dire de plus. Je dus donc renvoyer Tanoh à la recherche des manquants. Pendant son absence on fit courir les bruits les plus étranges ; il avait pris la fuite emportant mes marchandises. Enfin Tanoh qui avait été souffrant, me fit prévenir et demander des porteurs ; il revint rapportant tout, sauf un sac de sel, un baril de poudre, et un mouton que je me fis rembourser au retour, six mois plus tard. Il ne put voir Baféri qui était allé dans la brousse, soigner un prétendu accès de fièvre, en réalité se dérober aux réclamations qu'il prévoyait.

Mes brodequins quoique recommandés par la *Belle*

Jardinière et très commodes pour les courses sur la plage ou dans une brousse éclaircie, m'avaient blessé au contre-fort du talon. Ce n'était que le commencement de mes peines. Plaies aux pieds, épines, échardes, crocros, rien ne m'a été épargné. Ma bouteille de Van Swieten fut vite épuisée et je dus me soigner à la mode Sierra-Léonaise : cataplasmes de *cassada* (manioc) et quand la suppuration est finie, onctions d'huile de palme en saupoudrant la plaie de tabac pilé en poudre. L'aspect est sale, le traitement est long, mais le remède est efficace.

Un matin, le frère du chef vint me demander si je voulais faire fétiche avec lui. Ce n'était pas de sa part un simple caprice, mais une sorte d'engagement qu'il voulait me faire prendre de ne rien tenter contre son village. Il y était poussé, et par les gens d'Yacassé et par les Apolloniens qui cherchaient, en effrayant les populations, à me faire couper la route. J'acceptai à la grande colère d'Hémens. Libre-penseur, croyant au diable et à la sorcellerie, il déclarait que ma conduite n'était pas digne d'un « homme civilisé ».

Je le laissai dire ; vivant avec des paysans de l'époque mérovingienne, je crus plus sage de me plier à leurs coutumes ; évolutionniste moi-même, je devais descendre jusqu'à l'échelon de leur évolution, sous peine de ne pas les comprendre et de n'en être pas compris.

Si donc au cours de ce récit, on me voit faire appel parfois à la notion de la Divinité, ce n'est pas que j'ai modifié mes opinions ou mes croyances ; j'ai seulement parlé aux gens le seul langage qu'ils pussent entendre.

Et cependant, en face de cette imposante nature africaine, au milieu de ces sociétés noires, si différentes les unes et les autres de notre nature et de nos sociétés européennes, je ne puis m'empêcher de rêver à la Force, probablement inconsciente d'Elle-même, en vertu de laquelle toutes choses sont ainsi réglées, par laquelle s'approprient les uns aux autres les milieux et les êtres qui y vivent.

Je comprends l'insuffisance de la Doctrine qui se réduit à connaître le *Comment* des choses sans se préoccuper du Pourquoi. Le *Pourquoi* nous échappe, échappera, je le crois, toujours à la poursuite humaine sans jamais la lasser. C'est une obsession, à laquelle pour ma part, je ne puis me soustraire, et je personnifie la Nature créatrice et la Nature créée dans un seul Être fait, non de Justice et d'Amour, mais seulement de Force et de Puissance aveugles.

On apporta donc le Fétiche ; c'était une barre de fer vert de grisée fixée sur une planche et affectant la forme d'un reptile.

Aikins et le Féticheur, échangèrent le serment des

porte-cannes qui consiste à faire le tour du fétiche en allant de l'Est à l'Ouest. Au moment où l'on s'arrête, on lève la main droite en faisant claquer le pouce contre le médius: c'est le serment. On me demanda une bouteille de gin pour le fétiche. J'en passai encore par là; le Féticheur l'offrit à son Dieu en faisant sonner une clochette et en lui répétant le mot qui fait le fonds de tout discours nègre « *Betteh! Betteh!* » (attends! attends, mais attends donc!) comme si le Dieu s'impatientait. Il lui versa enfin à boire c'est-à-dire qu'il répandit quelques gouttes de liqueur sur le sol. Mais j'observai, sans grande surprise d'ailleurs, qu'il en gardait la plus grande partie pour lui-même; un peu pour le Dieu et beaucoup pour le prêtre, la règle ne s'applique pas qu'au fétichisme. Le Féticheur se leva alors, tenant le fétiche appuyé contre son front par l'une de ses pointes, l'autre dirigée vers le Ciel; il lançait dans l'espace de grands regards inspirés comme s'il avait suivi l'Esprit dans son vol, en tournant lentement sur lui-même pour ne pas le perdre de vue. Puis il vint à moi, plaça son poignet dans ma main, se déclarant pour ainsi dire mon vassal, il me promit de m'accompagner jusqu'au bout de mon voyage. Ai-je besoin de dire qu'avant la fin de l'étape suivante, il avait violé son serment?

Je lui répondis que j'espérais que Dieu l'entendrait, ce Dieu plus grand et plus puissant que tous les Fétiches, le même pourles «Blancs» et pour les «Noirs». Je demandais à ce Dieu de bénir Ambuah et ses gens, de les garder de la guerre, de la mort, de leur réserver ses bénédictions s'ils se conduisaient bien mais aussi de les châtier s'ils manquaient à leurs engagements. Ce petit speach, que mes compagnons avaient écouté, tête nue, fut l'occasion d'une conversation sur la Divinité.

Les Attiés ont d'un Etre suprême qu'ils appellent Dzoh une notion très confuse. Autant que j'ai pu le comprendre dans différentes causeries que j'eus plus tard à Adoquoi-Annapé et notamment un soir de pleine lune, ce «Dzoh» est une divinité migratrice qui se promène d'astre en astre. Elle habite notre satellite aux époques de pleine Lune ce qui expliquerait les tam-tam qui ont lieu à ces époques chez tous les peuples de ces contrées.

Mais tout cela est très vague, à peine défini dans ces cervelles primitives. Le Fétiche est leur vraie divinité, tantôt la barre de fer à forme reptilienne, tantôt un morceau de bois grossièrement taillé en forme humaine. Ce n'est plus Dieu qui fait l'homme à son image. Dans cet anthropomorphisme primitif c'est l'homme qui fabrique matériellement son Dieu à sa ressemblance. Le Fétichisme enserre les Attiés, les étreint, règle leurs moindres actions et leurs moindres démarches.

S'il tonne : les femmes ne pilent pas le « foutou », c'est défendu par le Fétiche.

FÉTICHES DE GUERRE

Certains jours, on ne voyage pas, on ne va pas cueillir la banane, il est défendu de se couvrir la tête : c'est jour fétiche.

Le respect du cérémonial si puissant chez le Noir n'est au fond que l'observance du rituel fétichiste.

Le chef m'avait donné comme boy un de ses fils nommé Quawh. C'est un brave garçon, propriétaire d'une femme, d'un petit enfant et de deux bracelets en plomb ; sa plus grande ambition, pour le moment, c'est de voir son nom gravé sur ses bracelets. Il ne sait pas lire, naturellement. Mais il a vu des traitants Apolloniens avec leur nom gravé sur leur bracelet en ivoire, il s'est fait expliquer la chose et serait fort heureux de faire son petit Apollonien. Je contente son désir ; avec une pointe de couteau rougie au feu et un crayon bleu je grave un « Quawh » aussi gothique que ma calligraphie me le permet. Il est fou de joie et le bracelet fait le tour du village comme preuve de l'industrie des « Blancs ». Une lampe à pétrole fabriquée avec une vieille boîte de lait concentré et dont un peu de coton indigène a fourni la mèche n'obtient pas moins de succès.

Pour me témoigner son contentement, Quawh m'offrit de l'accompagner au grand Bécédé où avait lieu un grand tam-tam funéraire. Malgré les objurgations de Fyne, le plus fieffé poltron de tout l'univers, je suivai Quawh et n'eus pas à le regretter. Les deux villes sont à une demi-heure de distance l'une de l'autre et reliées par une bonne route. Je vis sur le bord du chemin une carrière de ce grès rouge dont se servent les maçons du pays. Je passai aussi par-dessus une colonne de fourmis noires à la piqûre douloureuse (*magnan*); elles traversaient le sentier en rangs serrés. Le fait en soi n'avait rien d'extraordinaire : j'ai rarement fait une lieue dans la brousse sans croiser quelques-unes de ces colonnes. Mais lorsque quittant Brignan (ou petit Bécédé) cinq jours plus tard, la colonne, — la même me dirent mes guides — s'écoulait toujours, en rangs plus éclaircis, il est vrai. On se demande avec stupeur combien de temps prendrait la concentration de pareilles armées.

Lors d'un précédent séjour dans la brousse, je fus une nuit réveillé par mon compagnon européen qui me dit : « Il tombe des fourmis du toit. » Je me levai et reconnus de suite que les fourmis ne tombaient pas du toit. Mais cinq colonnes de magnans descendaient de la forêt voisine, convergeaient vers la case en dessinant un mouvement tournant et la plus rapprochée commençait à nous envahir. J'appelai mes travailleurs, fis d'abord répandre et allumer du pétrole sur les envahisseurs les plus menaçants au risque de faire sauter les vingt barils de poudre renfermés dans la case. Les colonnes refluèrent un peu; je sacrifiai encore du pétrole et un petit baril de poudre et les colonnes se détournèrent spontanément en se dirigeant chez les voisins que nous laissâmes se défendre de leur côté : l'égoïste « *chacun pour soi* » est la loi de la brousse.

J'arrivai donc au grand Bécédé beaucoup plus important que Brignan-Bécédé où j'habitais : le grand village est entouré d'une palissade qui forme mur d'enceinte continue ; c'est le seul spécimen de fortification que j'ai rencontré dans le cours de ce voyage. On m'offrit le vin de palme et on me donna le spectacle du tam-tam avec trois tambours et nombre de calebasses infernales, sans compter les coups de feu qui se répétaient sans discontinuité. Ce tam-tam me parut avoir plus de caractère que celui d'Yacassé.

Je retrouvai là mon ami Alloh qui vint joyeusement me serrer les mains en criant de plus loin qu'il m'aperçut « Pagaye ! Pagaye ! » le seul mot de français qu'il connût pour me rappeler notre pathétique navigation et le cri par lequel je réveillai l'ardeur trop souvent endormie des canotiers. Il me présenta sa femme qui tint à m'offrir, elle aussi, le vin de palme.

C'est dans cette excursion que je vis pour la première fois le métier sur lequel les Attiés tissent les étoffes très communes d'ailleurs qu'ils fabriquent avec le coton indigène ; ces étoffes sont ou de pur coton ou de bandes alternées de fil de coton et de fil provenant des parties fibreuses de l'ananas. Ces parties fibreuses sont très souples et très résistantes et un boy m'en a fabriqué un cordon de binocle que j'ai porté plus de six mois.

Quant au métier, qu'on se représente un parallé-lipipède rectangle formé de six piquets fichés vertica-lement en terre, les côtés horizontaux étant de deux

UN MÉTIER A TISSER

mètres et d'un mètre 80 centimètres. Ces piquets sont reliés entre eux par des piquets horizontaux placés les uns à l'extrémité supérieure, les autres à mi-hau-teur des piquets verticaux. Dans ce bâtis est inscrit un second bâtis semblable, mais naturellement plus petit. L'homme dévide le coton enroulé en écheveau à la façon de la quenouille de nos grands-mères ; le fil tendu passe entre les rouleaux de deux bobines verticales fixées à la partie supérieure du bâtis intérieur ; la seconde de ces bobines, c'est-à-dire celle qui est la plus éloignée du tissu est munie à sa partie supérieure d'une petite poulie à engrenages qui lui donne un léger et très court mouvement de va et vient vertical. Cette disposition a pour but de permettre l'entrecroisement des fils et la chaîne et la trame se séparent automatiquement.

Tout plaisir se paye, surtout en pays noir. Après mon retour à Brignan-Bécédé, je reçus la visite des danseurs de tam-tam, qui venaient se faire offrir un peu de gin qui ne leur fut pas refusé.

Ce soir-là, — 28 mai, — nous eûmes un orage terrible ; pendant deux heures les éclairs se suivirent sans discontinuité à quelques secondes d'intervalle, éclairant comme en plein jour la cour d'Ambuah. C'est le lendemain de ce jour que je constatais sur ma boussole une inversion des pôles sur laquelle je reviendrai en détail à la fin de ce récit.

Pendant mon séjour à Brignan-Bécédé, je reçus la visite d'un nain qui pouvait mesurer un mètre à 1^m,20 de haut. Je voulus prendre sa taille exacte, mais il s'y refusa avec effroi. Il avait de toutes petites jambes, un buste assez fort et une tête énorme à la déformation toulousaine, dans laquelle roulaient des yeux stupides. On me le présenta comme le roi d'Abay grande ville située à une journée et demie de marche au N. O. de Bécédé. Il me demanda du gin mais, pris de je ne sais quelle méfiance, je lui répondis que j'attendais son cadeau pour lui faire le mien. Il s'éloigna d'un air vexé et je ne le revis plus. Plus tard, à Boudepé, j'appris que ma méfiance était fondée ; ce nain n'était nullement le roi d'Abay qu'on me dépeignit alors comme un homme jeune, fort bien constitué et très belliqueux.

Comme je vis à Diapé un garçonnet bossu, cela tendrait à prouver que les Attiés n'ont pas la coutume féroce des Agni et des Nzema (Apolloniens) qui consiste à supprimer les êtres contrefaits. Chez les Agni un enfant qui naît avec six doigts au pied ou à la main, difformité assez fréquente ou qui simplement est le dixième de la lignée est sans pitié offert en sacrifice à la Terre.

Visite des gens d'Ano qui venaient m'offrir des porteurs, en réalité se renseigner sur mon compte et savoir si on pouvait sans danger me donner l'hospitalité.

Le dernier soir que je passai à Brignan, — le lundi 30 mai, — les enfants et les femmes me donnèrent un spectacle des plus attrayants. Il commença par

des chants d'un rythme un peu lent mais très harmonieux et exécutés avec ensemble. Puis la danse suivit, danse très décente, élégante même, tenant le
milieu entre la valse et la polka ; une danseuse, puis
deux, puis trois, puis quatre à la fois. Quand chacune
d'elle avait fini, elle s'approchait de moi et me donnait la poignée de main à la mode Attié, c'est-à-dire
en faisant trois fois claquer l'extrémité de ses doigts
contre les miens. L'orchestre se composait du choral
des enfants, du tambour de tam-tam, de l'inévitable et cauchemarante crécelle et d'un triangle rap-
pelant celui de la musique de nos anciens régiments.

Je voulus me faire traduire le chant entonné par
le chœur. Cela me fut impossible ; je me heurtai à
des réponses dilatoires ; il était visible qu'on répugnait à me renseigner.

Cela ne m'étonna pas, car j'avais déjà constaté dans
d'autres occasions ce sentiment de défiance. Que de
fois voyageant en pirogue et entendant mes piroguiers
chanter, je demandais à mon boy :

— Qu'est-ce qu'ils disent là ?

— Eux chanter, Monsieur !

— Parbleu ! je l'entends bien ; mais qu'est-ce
qu'ils disent dans leur chanson ?

— Eux chanter chanson pour dire que le « blanc »
est bon et payer tafia.

Comme cette réponse me fut faite cent fois pour les chants les plus divers, j'ai tout lieu de croire qu'on me trompait et que ce que j'entendais c'étaient des invocations au « Fétiche ».

Le mardi 31 mai nous quittâmes Brignan-Bécédé après avoir payé les porteurs qui avaient fait deux fois la course d'Yacassé.

Quarante-cinq porteurs m'ont coûté deux sacs et demi de sel, soit valeur à Grand-Bassam 7 fr. 50 et valeur de l'Attié 14 francs. Cela met le portage à 18 centimes par colis valeur de Grand-Bassam et à 32 centimes valeur Attié. Ce sont des prix que je ne reverrai pas : j'aurais dû les saluer et Ambuah se conduisit en honnête homme. Enfin à dix heures du matin nous nous dirigeâmes vers le Grand Bécédé que nous ne devions que traverser ; j'avais laissé à la garde des marchandises Hémens qui promit d'être plus attentif et qui le fut en effet.

Ano. — Nous traversons le grand Bécédé où l'on essaye de me faire rester. Mais mon attitude fit échouer cette mauvaise plaisanterie et nous prîmes à l'Est, au milieu du village, la route d'Ano. Belle route, très facile, très bien tracée et qui n'en paraît que plus courte. La brousse, moins épaisse, est coupée de clairières. Nous croisons un groupe d'Apolloniens parmi lesquels le frère de Macaulay, traitant de Grand-Bassam. Je lui confie mon courrier dont il se charge moyennant un shelling. C'est le dernier qu'avant bien longtemps je pourrai expédier. Le Noir a pour les lettres une répugnance invincible : il croit toujours qu'on le dénonce.

Ambuah nous quitte à mi-chemin ; quant à son frère le féticheur, qui devait nous accompagner jusqu'au bout du voyage, son fétiche n'a pas eu le pouvoir de lui faire tenir sa promesse. Bien qu'il eût pris son chapeau et son bâton, il disparut au bout d'un quart d'heure, prétextant une maladie. Avant d'arriver à Ano, nous traversons une pittoresque plantation de bananiers dont les longues feuilles se rejoignent en arceaux sur nos têtes ; leurs troncs courts et noueux se dressent en colonnes ; on se croirait sous les voûtes d'une petite cathédrale gothique. Enfin, entre midi et une heure, nous faisions notre entrée dans la cour ronde d'Achar, le chef d'Ano, qu'on dut aller chercher dans la brousse. Nous avons constamment marché à l'Est très légèrement Sud sans quitter le plateau de Brignan-Bécédé. Nous demeurâmes à Ano cinq jours pleins, sans incidents notables : les séjours heureux n'ont pas d'histoire. Les gens, moins hospitaliers qu'à notre dernière étape, m'offraient cependant des œufs et des ananas que je payais d'une feuille de tabac. Une mère me confia son bébé âgé de trois ans que je fis sauter sur mes genoux sans qu'il manifestât la moindre frayeur. C'était un succès, paraît-il, car la mère, tout étonnée, courut prévenir son mari devant lequel je dus recommencer l'expérience. Il était tout fier de posséder un rejeton aussi « courageux ». Le fait qu'un boy noir qui se laisse approcher et toucher par un « blanc » sans jeter les hauts cris est chose rare ; il est probable que dans bien des maisons européennes un noir n'aurait pas plus de succès et causerait à nos enfants la même terreur.

Ce même jour on ramena de la brousse un bœuf qu'une panthère avait fortement endommagé. On l'abattit et les indigènes achetèrent à son propriétaire les quartiers de l'animal pour les faire fumer. En dehors de pareilles aubaines, assez rares, ils n'abattent le bétail que pour les sacrifices des funérailles.

Autre menu incident : Kourbaly, troupier correct, prend son fusil, préalablement déchargé, pour le nettoyer. Le chef, ne comprenant pas ce qu'il veut faire, lui arrache l'arme des mains. Kourbaly ne comprenant pas davantage, vient en colère se plaindre d'Achar et reprend son fusil. A ce moment une des femmes d'Achar se précipite aux pieds de Kourbaly et, en une attitude de suppliante dont la grâce n'aurait pas été déplacée à la Comédie française, implore sa pitié.

Kourbaly, comprenant de moins en moins ce qu'on lui veut, devient de plus en plus furieux. Pour mettre fin à cette scène comique, j'appelle le chef, je le fais asseoir près de moi et prenant le fusil des mains de Kourbaly, je l'arme, en ayant soin de diriger le canon vers l'extérieur, et je lâche la détente. Cette démonstration rassura Achar à qui j'expliquai par gestes qu'on allait nettoyer l'arme et Kourbaly put procéder sans difficulté à la toilette de son « Colt ».

Comme j'avais quelques soupçons que Tanoh nous égarait, nous ayant fait obliquer à l'Est alors que nous aurions dû continuer N.-O., je fis un soir « interviewer » par Aikins une des femmes d'Achar. La première épouse vint malheureusement lui défendre de parler ; mais elle en avait dit assez pour rendre nécessaire une explication. Je fis donc appeler Tanoh et je le mis en demeure de me faire connaître nettement son itinéraire. A son dire, il nous restait sept villages à traverser pour atteindre le Baoulé : Boudépé, Akoudjé, Akoudjé-Apo, Inkoupé, Adopé, Assebi-Assi, Akoupé ; ensuite il nous faudrait traverser Andé et de là, après avoir gravi une grande montagne, arriver chez un chef nommé Coccodea, Roi du placer dont Tanoh nous avait parlé.

Après ces explications, que je crus alors sincères et dont la suite me prouva la fantaisie mensongère j'invitai Tanoh à se presser, car le temps s'écoulait ; j'avais besoin de regagner Grand-Bassam où j'étais attendu et où je risquais de rentrer les mains vides.

Concert semblable à celui de Bécédé, mais moins original et moins agréable. Petit palabre avec Achar qui n'était pas satisfait de mon cadeau que j'augmentais, car il avait raison. Les explications terminées, Achar fit apporter une bassine pleine d'eau pour nous laver les mains et nous en jeter à la face quelques gouttes, ce qui veut dire que toute rancune est désormais effacée. Nous quittâmes Ano à neuf heures du matin, le 7 juin, nous dirigeant vers Boudépé.

Boudépé l'enfer. — Bien que les chefs de Bécédé et d'Ano m'eussent fait connaître leur répugnance à me voir continuer mon voyage et bien que le dernier m'eût même offert de me racheter ma cargaison si je revenais sur mes pas, ils m'avaient cependant laissé passer. Je pouvais croire qu'il en serait de même à Boudépé, d'autant qu'un nommé Aissi, neveu du chef, sorte de géant assez intelligent, m'avait invité à pousser jusqu'à son village. Le chef lui-même m'avait envoyé des gens pour m'escorter et j'avais considéré cette démarche comme une preuve de sympathie. Bien à tort, je dois le confesser. Le noir est toujours pressé de vous voir arriver et il vous en facilite les moyens, car il a l'espérance de vous exploiter. Mais pour le départ, ne comptez plus sur son concours ; comme il n'a plus rien à attendre de vous, n'attendez plus rien de lui. Achar me fit un temps de conduite sur une route dont les extrémités sont bonnes, mais dont le milieu est détestable. Nous traversons une brousse si épaisse que l'herbe foulée par les gens qui nous précèdent indique seule le chemin : un vrai sentier de guerre. Nous croisons des routes qui, elles, paraissent bien tracées. Nous faisons halte dans une clairière superbe où l'acajou abonde. Richesses perdues ! Combien d'années, j'allais écrire de siècles, faudra-t-il aux Européens « français » pour venir les exploiter ?

Fatigué, j'essaie du hamac. Mais les hommes répugnent à s'en servir, le sentier est trop étroit, trop sinueux ; à chaque coude les branches d'arbres m'entrent dans les côtes. Décidément ce n'est pas pratique. Enfin, après avoir fait N.-E., puis Est, nous arrivons par Nord presque exactement ; d'Ano à Boudépé la direction générale est N.-N.-E.

Boudépé fut un véritable enfer, malgré le fétiche préliminaire que j'acceptai et le cadeau d'un veau, dont nous fîmes fumer une partie, ce qui dans la brousse est une ressource précieuse.

Dans le palabre d'arrivée, j'avais appris que l'état

de guerre existait entre Boudépé et Abay, la ville du nain. Les gens d'Abay avaient tué un homme de Boudépé; par représailles, les gens de Boudépé avaient blessé à mort une femme d'Abay.

Car voilà la guerre chez les Noirs : n'y cherchez aucune bataille rangée, aucune ville prise d'assaut, aucune de ces actions héroïques qui sanctifient l'horreur de la guerre.

Vous voyez passer un jour cinq ou six hommes armés de longs fusils à pierre, à la ceinture un court machete et une poudrière en peau de bête. Vous demandez où ils vont, on vous répond : « A la guerre! » C'est-à-dire qu'ils vont s'embusquer près de la ville ennemie et là, tapis dans la brousse, ils égorgeront quelque malheureux passant sans défense, homme, femme ou enfant. Dès le lendemain de mon arrivée on voulut m'effrayer. On m'avertit mystérieusement que l'ennemi rôdait dans la brousse et on me conseilla de ne pas sortir le soir. Je répondis qu'ayant été soldat dans mon pays, je ne craignais pas le danger. Je pris un revolver et allai faire un tour sur la route d'Abay où, naturellement, je ne trouvai pas trace d'ennemi.

Quoiqu'il en fût, on me demanda de faire venir le chef d'Abay pour rétablir la paix. A vrai dire, la requête m'embarrassait un peu : refuser, c'était m'aliéner tout à fait des gens que je pressentais déjà être mal disposés; accepter, c'était encourir l'hostilité du perdant. Je n'avais donc pas plus d'intérêt à jouer le rôle de médiateur que je n'avais d'autorité pour le faire. Toutefois je ne refusai pas, comptant sur la nonchalance des noirs pour me tirer d'embarras. En effet les messagers qui devaient partir le lendemain ne furent prêts que le surlendemain. Je déclarai alors qu'il était trop tard, ne voulant pas faire un long séjour à Boudépé et il ne fut plus question du « palabre » entre Abay et Boudépé.

L'esprit de cette population est détestable : elle refuse de me vendre des vivres, non seulement contre marchandises, mais même contre poudre d'or. Si elle l'osait, elle nous massacrerait tous.

Je ne pus obtenir qu'on nous conduisît à Akoudjé. On m'objecta le mauvais état de la route, la guerre entre les deux villes; püis, je ferais bien mieux de m'établir à Boudépé et d'attendre que, peu à peu, j'eusse vendu mes marchandises. Le fond de tout cela était la crainte que je portasse ma poudre à Akoudjé et se traduisit par une difficulté inouie à obtenir des porteurs.

Je vérifiai alors, et une fois de plus, un fait qui m'avait déjà frappé : c'est le peu d'autorité effective qu'ont les chefs indigènes sur leurs sujets : leur fonction est plutôt honorifique et sacerdotale que politique. Cette autorité est même surtout sacerdotale, si j'en juge par ce qui s'est passé à Bécédé et à Ano.

J'ai dit, je crois, qu'à certains jours fériés ou quand il a tonné, il est défendu de piler le « foutou » et de le manger. Or, malgré cette défense rigoureusement observée, Ambuah et Achar permirent à leurs femmes de piler le « foutou » pour nous. Le pouvoir qui délie d'une observance religieuse, qui accorde une *indulgence* est un pouvoir sacerdotal comparable dans ses effets à celui de la suprême autorité pontificale. Si quelques chefs ont su conquérir une influence personnelle, en dehors de la liturgie, ils la doivent à leurs mérites bien plus qu'à leurs fonctions.

Enfin le 14 juin, après un dernier palabre de deux heures, je saisis en gage le fusil d'Aissi pour être sûr d'avoir des porteurs. Et comme les choses traînaient en longueur, je feignis d'envoyer Kourbaly à Grand-Bassam avec une lettre pour le Gouvernement. La ruse eut un plein succès ; on courut après Kourbaly qu'on me ramena au bout d'un quart d'heure ; j'eus les porteurs désirés et je pus partir. J'avais d'ailleurs eu d'autant moins de scrupules à faire usage de ce stratagème que je rétribuais toujours largement les services rendus et que la population de Boudépé le savait bien.

Diapé. — Je sortis donc de Boudépé sans regrets et sans faire mes adieux à son chef Wooh dont je n'oublierai jamais ni la mauvaise foi ni la bêtise. Conduits par son neveu Aissi qui le suppléait dans le cérémonial du départ, nous prîmes à l'Est puis au Sud-Est. Il était évident qu'on m'éloignait du but. Quatre heures de route sur un plateau très élevé. Nous traversons nombre de bananeraies. Le sentier est, en général, facile. Nous croisons un sentier qui, au Nord-Ouest, conduit à Akoudjé et au Sud-Est à Agrou, grand village dans la direction d'Yacassé. Vers quatre heures et demie, par un soleil radieux, et au milieu d'une foule considérable, nous entrons à Diapé. Nous nous arrêtons, suivant la coutume, chez Dagnan, le chef du village. Parmi les jeunes gens qui viennent me saluer quelques-uns me serrent la main à l'européenne et me disent : « *Bonne jour* ». Aissi fait pour nous fétiche et palabre, nous présente et nous remet aux mains du chef.

Dès notre arrivée à Diapé, Tanoli m'annonça qu'il ne nous restait plus que deux villes à traverser avant d'atteindre le but. La contradiction était flagrante avec l'itinéraire qu'il m'avait lui-même tracé à Ano et comme il me fit quelques jours plus tard une nouvelle proposition, j'en conclus que, dès Boudépé, il avait pris ses informations et ses mesures pour me conduire sur un « placer » différent de celui qu'il avait en vue lors de nos premiers entretiens à Grand-Bassam.

Les plaies que j'avais aux pieds et d'autres motifs me retinrent trois semaines à Diapé. Mais, bien que mon séjour y ait été médiocrement agréable, j'appris et je vis là nombre de choses intéressantes. Je reçus la visite d'un chef des Annapés, nommé Séka-Séka, que je devais revoir à Massaji; je dis un des chefs des Annapés, car ainsi que j'aurai l'occasion de l'expliquer, Annapé n'est pas une ville mais une agglomération de villes.

Séka-Séka s'était rendu à Akoudjé pour s'occuper de la guerre entre ce village et Boudépé. Ses gens, trouvant qu'il tardait trop à revenir, étaient allés le chercher. Je fis intérieurement la réflexion que peu de souverains, en Europe, seraient l'objet d'un pareil souci.

L'intervention de Séka-Séka était-elle l'indice d'un embryon d'organisation fédérale entre ces peuplades, ou bien n'était-ce qu'une démarche personnelle ? Je ne pus élucider le point car mes interprètes n'arrivaient pas à saisir la notion de confédération. On me dit cependant que le chef d'Agrou jouissait d'une sorte de suprématie. Mais à voir le peu d'autorité qu'ont les chefs dans leur propre village, on se demande ce que peut bien être cette souveraineté fédérale à longue portée. Je n'ai trouvé trace d'organisation fédérative que dans le groupe des Annapé, et encore le lien a-t-il surtout un caractère économique. Un certain nombre de villes sont syndiquées sous l'autorité d'un chef suprême pour l'exploitation de l'or. C'est moins une confédération politique qu'un syndicat industriel.

Les maisons, à Diapé, sont moins bien construites qu'à Bécédé et Ano. Il y a, cependant, par ailleurs, une certaine recherche du confort. Les bancs sur lesquels s'asseyent les chefs, sont larges, élevés et assez curieusement ouvrés. Ce n'est pas encore de l'art, mais c'en est le souci. Le jardin qui est derrière la case de Dagnan est aménagé avec goût. Nombre de métiers à tisser. Le chef a une canne de bois noir, à incrustations d'or et surmontée d'une « main de justice » finement travaillée et sculptée en plein bois.

On m'avertit que des hommes allaient partir pour Alépée ; je demandai au chef de laisser Kourbaly les accompagner pour me rapporter du gin et des vivres. Ce fut accordé. Mais Kourbaly eut l'imprudence de

UNE CASE DE CHEF.

laisser voir le revolver que je lui avais confié pour la route et les lettres que je lui avait remises. Les gens prirent peur, prétendant qu'il allait les faire arrêter à Alépée et il ne put partir. Déjà à Ano, on s'était refusé à me donner un guide et des porteurs sous prétexte que les commis d'Alépée les retiendraient prisonniers en garantie de crédits arriérés. La population, évidemment travaillée par des gens de Boudépé, refusait de nous vendre des vivres. Mes gens et moi nous mourrions littéralement de faim. La situation devenait embarrassante.

Le samedi 18 juin, impatienté et affamé, je prends mon revolver en déclarant que je vais tuer un veau. Aikins court prévenir le chef; ce dernier, tout en m'apportant un mouton et une poule, affecte de rire, je le saisis par le bras et le secoue vigoureusement. Grand émoi, la ville est en révolution; le bruit court que j'ai voulu tuer le chef; les coutelas sortent des ceintures et les fusils sont chargés. Fyne, qui rentre en ce moment, me raconte que, dans la rue, un homme lui a enlevé son chapeau et lui a promené le coutelas sur la tête; mais comme Fyne est un poltron, je doute de son récit au moins fort exagéré.

Enfin grâce au frère de Dagnan, vieillard plus intelligent et plus raisonnable que lui, le calme se rétablit. Il était temps car Correa, Kourbaly et moi, étant résolus à ne pas nous laisser faire, les choses allaient tourner au tragique. Un baril de poudre était ouvert, prêt à tout faire sauter si nous devions succomber sous le nombre. Cette vue contribua beaucoup à ramener le calme. Je demandai alors si on me vendait ou si on me donnait le mouton. « C'est un cadeau », fût-il répondu.

— « Je n'accepte pas de cadeau, surtout de cadeau fait de mauvais cœur » et je fis attacher le mouton devant la porte de la chambre de Dagnan.

Le lendemain matin, on vint m'avertir d'un nouveau palabre. J'avais, paraît-il, rompu le fétiche et je devais payer une amende de quinze dollars (85 francs).

Je répliquai, qu'ayant fait la paix la veille, je ne comprenais pas ce qu'on me voulait et laissai Fyne, sous promesse de remboursement, transiger en son nom. Il en fut quitte pour deux dollars (11 fr. 25). On me rapporta le mouton, que je comptais bien revoir, en me disant que je pouvais le tuer, ce qui fut fait malgré les scrupules de Correa, qui, peureux après la bataille, ne sentait pas encore sa tête très solide sur ses épaules.

Au fond, c'était un coup de diplomatie « noire ». La nuit portant conseil, les gens s'étaient dit que s'ils reprenaient le mouton, je pourrai leur en garder rancune. Ils ne voulaient pas avoir l'air de le vendre et avaient envie de le faire payer.

Ils prirent donc le biais du palabre pour me remettre en possession du mouton et en avoir la valeur, ce qui n'était pas sot. Bref, Correa revenu de sa terreur, me fit manger des côtelettes de mouton sauce piquante qui me parurent exquises. Toujours est-il que la leçon ne fut pas perdue et que dès ce moment je pus, en payant, me procurer des vivres.

Cette tragédie culinaire une fois terminée et oubliée, j'eus la confirmation de la nouvelle que je presssentais depuis quelques jours : un « placer » serait à peu de distance, Tanoh offrait de nous y conduire et croyait pouvoir affirmer que nous pourrions y travailler paisiblement et sans danger.

J'acceptai, bien que cette proposition changeât complètement le caractère de mon voyage. J'étais parti, en effet, pour m'entendre avec un chef indigène sur les moyens propres à « européaniser » son exploitation et j'allais, moi l'Européen, être réduit à exploiter « à l'indigène », n'ayant pour tout outillage que des barres de fer à forger houes et pics pour fouiller le sol, de la poudre pour éclater la roche, des marteaux pour la pulvériser ; quant au lavage des sables et des pulvérisations, je devais recourir à la main-d'œuvre des populations et je dépendrais du bon vouloir des chefs; matériel rudimentaire, conditions déplorables, la situation était le contraire de celle qu'on m'avait décrite avant le départ.

Mais je comprenais que Tanoh ne me conduirait à aucun prix dans le Baoulé et j'étais résolu à voir de mes yeux une exploitation indigène et à tenter l'impossible pour ne pas rentrer à Grand-Bassam les mains vides.

Donc, après quelques jours d'hésitation, Tanoh partit, le 22 juin, avec Fyne, Correa et le guide qui avait révélé l'existence du placer en question; ils devaient rester absents une semaine. Pendant leur tournée, j'eus l'occasion de causer plusieurs fois avec le chef Dagnan; il n'avait plus peur de moi et, le soir, apportait son banc près de ma chaise longue; nous devisions alors, et c'étaient des questions à n'en plus finir sur Grand-Bassam et sur les Européens. Il s'imaginait que ceux-ci étaient tous nés à Bassam. Aikins, qui aime l'exagération, lui dit que les Européens venaient d'un pays très éloigné, sur des pirogues immenses qui marchent par le feu, et qu'il faut au moins trois mois pour venir de ce pays-là. Dagnan croyait aussi que tous les « Blancs » parlent la même langue; je lui demandais si les Noirs n'avaient qu'un idiome; cette réponse le laissa perplexe. Nous avions pour auditeur principal et habituel une vieille femme que j'ai baptisée Nana et que Correa appelle « Crocodile ». Bonne créature, autant qu'une Attié peut être bonne et qui s'est prise d'amitié pour moi. Quand je quitterai Diapé elle me conduira à mi-chemin et elle fera une fois le voyage des Miatzé pour me revoir. Quand je lui fais signe que mes compagnons n'ont pas mangé, elle fait bouillir des bananes, les pile à l'aide d'un long pilon dans un mortier en bois creusé en forme d'obusier et leur sert le « foutou ». J'en mange moi-même en guise de pain dans la soupe ; ce n'est pas mauvais quoique un peu fade ; je m'y suis tellement habitué que lorsqu'il nous arrivera de manquer de bananes, ce sera pour moi une véritable privation.

Enfin, pour tuer l'attente et bercer un peu mon ennui, certains soirs je traduis aussi fidèlement qu'il m'est possible, aux compagnons qui sont restés avec moi quelque Fable de la Fontaine ou quelque conte de Perrault. Ils connaissent la « *Cigale et la Fourmi* » le « *Renard et le Corbeau* ». Ils savent aussi l'histoire du « *Petit Chaperon rouge* » et celle du « *Petit Poucet* ». Mais les traducteurs anglais ont omis de leur apprendre que ce sont des productions françaises d'il y a deux cents ans. Le « *Free trade* » ménage de ces surprises! C'est vers cette époque que je reçus la visite des chefs d'A-koupé et d'Agrou. Le premier est vêtu à l'européenne, du moins quant à la coupe du vêtement, car l'étoffe est bariolée comme celle des costumes que portent les commis noirs de Grand-Bassam. Il est armé d'un fusil à piston transformé. Il faut repousser l'aiguille quand le coup est parti. Il a connu M. Bricard dont il a été boy.

Un homme habitant la même case que moi était gravement malade dès avant mon arrivée.

Plusieurs fois la nuit, j'avais été réveillé par le féticheur qu'on était allé chercher pour conjurer quelque crise et qui s'époumonnait en criant « sacca sacca », en faisant un long discours sur un ton menaçant et précipité pour effrayer et chasser l'esprit du mal, le tout accompagné d'un bruit de casseroles qu'on aurait attachées à la queue d'un chat et qui est produit par de petites plaques d'étain sur lesquelles le « féticheur » frappe avec un petit maillet.

Quelques jours avant sa mort, une de ses trois femmes mit au monde un garçon : c'était le 30 juin et le lendemain la mère se promenait comme si de rien n'était. Voilà un nègre dont on connaîtra le jour de naissance ; il sera une exception dans sa race.

Quant au père, il va mourir ; il est secoué par une dernière convulsion en présence de laquelle tous les gens qui l'entourent s'enfuient épouvantés.

Mais ce n'est pas la fin ; l'homme agonisera encore

deux jours. Cependant on n'attend pas qu'il ait rendu le dernier soupir ; une discussion scandaleuse s'élève pour savoir où il a caché son or, car il est riche. S'il a encore sa connaissance, s'il peut entendre, il n'a plus d'illusions à se faire sur son sort.

Pendant ce temps, la première femme assise sur une natte pleure silencieusement. Sa douleur paraît sincère et, en tout cas, s'explique quand on connaît la coutume du pays. Que deviendra-t-elle en effet ? Si l'héritier, neveu ou frère par la sœur, le juge à propos, il peut la prendre pour femme et elle retombe au rang de dernière épouse, c'est-à-dire de servante. Si elle repousse ce nouveau mari, elle devra, sous peine d'être mise en quarantaine et de se voir refuser le feu et l'eau, rendre la dot que son père a reçue.

Enfin, le 2 juillet, vers midi, l'homme meurt ; immédiatement on allume dans la cour un grand feu purificateur qu'on entretient jusqu'à la levée du corps. Ses femmes prennent chacune le mobilier qui leur appartient, c'est-à-dire une ou deux nattes, quelques pots en terre, des pagnes en loques et vont les mettre à l'abri. Vers quatre heures, les femmes du défunt et ses boys viennent devant le corps et pendant une heure j'assiste à une véritable scène de convulsionnaires.

Boys et femmes poussent des cris aigus, les der-

LA JEUNE MÈRE

nières se roulant dans la poussière, frappant le sol de leurs têtes et de leurs pieds, l'arrachant avec leurs ongles, le balayant de leurs seins nus et pendants. Nana, qui me voit contempler ce spectacle d'un air songeur, croit qu'il m'ennuie et me fait signe que c'est bientôt fini.. Car le cérémonial règne ici en maître et les larmes, dosées, coulent à l'heure.

Dans l'intervalle, Correa s'était installé entrepreneur de pompes funèbres; avec quelques caisses de gin, des branches d'arbres et des vieux clous, il avait fabriqué un cercueil.

La nuit tombée, une femme entonna des lamentations en racontant la vie du défunt. Dans le récitatif revient constamment le nom d'Amanguah, le fameux chef de Bonoua dont le défunt avait été boy et peut-être guerrier. Le souvenir de ce brigand est ici tout puissant et on a plusieurs fois demandé à mes hommes si j'étais parmi ceux qui l'avaient fait prisonnier. Je ne sais ce qui serait arrivé s'ils n'avaient pu répondre, sans mentir, qu'à cette époque je n'étais pas encore dans la colonie.

Le lendemain fut le jour des funérailles; je ne perdis aucun détail de ce qui se passa à la maison mortuaire. De grand matin on plaça le corps dans une natte et on l'emporta derrière la maison pour lui faire sa dernière toilette. A ce moment on sacrifia un jeune veau. On rapporta le cadavre et on l'étendit sous la verandah, devant son logement, et à l'abri des rayons du soleil.

Les amis apportèrent des cadeaux, des pagnes ; mais en gens pratiques ils déposaient le pagne sur le mort, puis, après l'avoir repris, en coupaient la largeur d'un foulard qu'ils laissaient comme offrande définitive. On servit au mort son dernier repas qu'on plaça près de lui et qu'on emporta ensuite. Les derniers plaisirs : Le joueur de corne d'éléphant vint, avec son instrument peint en rouge, et en joua pendant quelques minutes. Le tam-tam, avec son tambour, sa crécelle et son triangle, vint faire entendre son charivari que des femmes accompagnaient en dansant, tandis que les épouses, — c'était l'heure, — poussaient des ululements. A leur tour, deux femmes « fétiches » peintes en blanc de la tête aux pieds, ayant aux mains une sorte de castagnettes en métal, esquissaient un pas de danse sacrée. Enfin trois guerriers en armes se précipitent dans la cour, suivis de leurs boys, et déchargent leurs fusils en l'air. Ils s'accroupissent ensuite devant le mort et les lamentations recommencent pendant quelques instants. De temps en temps, arrivaient des villes voisines, des parents qu'on avait fait prévenir et c'étaient de nouvelles scènes de convulsionnaires. Vers quatre heures du soir, on enleva le corps pour aller l'ensevelir dans la vieille ville. Cette levée du corps, généralement si poignante chez les nations européennes, se fit ici sans émotion apparente : ce n'est pas dans le cérémonial.

Au moment de l'ensevelissement se passa une scène que je n'appris que quelques jours plus tard par l'indiscrétion de mes compagnons et dont j'eus toutes les peines du monde à arracher l'aveu à Correa

Celui-ci, se doutant que, le cadavre enlevé, tout n'était pas fini, et poussé par la curiosité, se dépouilla de ses vêtements et, grâce à la couleur de sa peau, put se glisser à travers l'épaisseur de la brousse sans être aperçu. Voici ce qu'il vit. Quand le corps fut descendu dans la fosse et qu'il eut été couché dans la bière qu'on y avait déposée préalablement, un boy d'une quinzaine d'années que je connaissais très bien et que je ne revis plus, exécutant sans doute un ordre reçu, se pencha sur la fosse. A ce moment un homme passa derrière lui et, d'un seul coup de machete, lui trancha la tête. Le pauvre diable roula, sans pousser une plainte, dans la fosse qu'on combla aussitôt.

Mais pourquoi s'émouvoir ? Les sacrifices humains ne se pratiquent-ils pas à deux pas de Grand-Bassam et à Grand-Bassam même ?

En 1896 un homme arriva de Mossouo, le village voisin de Grand-Bassam. Il se réfugia chez le Com-

missaire de Police, disant que les hommes de son village avaient voulu l'offrir en sacrifice à leur Fétiche.
Le lendemain les chefs, prévenus sans aucun doute
par quelque ami résidant au chef-lieu, accoururent de
leur côté, prétendant que l'homme était fou. Il faut
croire que l'enquête à laquelle procéda le Gouvernement ne démontra pas que l'homme fut aussi fou
qu'on le prétendait, car la canonnière *Le Diamant*
alla s'embosser en face de Mossouo, ses canons braqués sur le village qui, pour se débarrasser de ce voisinage importun, dut payer une grosse amende.

Et à Grand-Bassam même, lors de la mort du traitant Richmunds, celui là même qu'envoûtait Nooboh
d'Yacassé-Rivière, le bruit n'a-t-il pas couru, avec persistance, que, dans la cour même de sa belle maison
construite à l'européenne, on avait égorgé une captive? La chose ne fut jamais juridiquement prouvée,
grâce à l'indolence administrative et à la complicité
des témoins indigènes qui affirmaient tous ne rien
savoir. Mais le fait n'en est pas moins tenu pour
avéré.

Quoiqu'il en soit, à Diapé, un tam-tam des plus
gais rassembla, le soir, la population. Le « Noir »
comme le « Blanc » ne veut pas que le mort emporte
le vif; mais il applique le principe avec plus de brutalité ou peut-être moins d'hypocrisie. Enfin le lende-

main, à six et à dix heures du matin, le tam-tam reten-
tit de nouveau, accompagné au dehors de coups de
feu et au-dedans des lamentations des trois épouses
qui, dans l'intervalle, causaient tranquillement comme
de bonnes commères. Le deuil dure ainsi trois jours
consécutifs, puis de huitaine en huitaine, pendant
trois mois.

Pour ne pas interrompre ce récit, je n'ai pas signalé
en son temps, le retour de Fyne et de Correa accompagnés d'Hémens, que j'avais envoyé à leur rencontre
et suivis, à un jour d'intervalle, par Tanoh, accompagné des femmes du chef de l'un des Miatzé qui venaient toujours sous le même pretexte : me faire visite ; et toujours pour le même motif : se renseigner
sur mon compte.

Il faut croire que le rapport ne fut pas mauvais car
je fus reçu en ami d'ancienne date par le vieux chef
des Miatzé. Pendant l'absence de mes avant-coureurs,
on avait, comme de coutume, fait courir sur eux les
bruits les plus invraisemblables : ils étaient en fuite,
m'abandonnant dans la brousse, et on me donnait
charitablement le conseil de regagner Yacassé et la
rivière par les voies les plus rapides.

On m'avait caché quelques jours auparavant l'arrivée d'une femme porteuse d'un message. Tout cela
était fait pour me déconcerter et m'amener, par dé-

couragement, à renoncer à mon voyage : les citoyens de Diapé auraient cependant dû mieux connaître leur homme !

Du rapport de mes envoyés, il résulta qu'il existait un riche gisement d'or dans les Annapés, que les naturels l'exploitaient. On pouvait y travailler ; on nous y avait désigné une place par avance. Mais la route était encore longue et pénible ; la population était susceptible et peu hospitalière.

La ville avait d'ailleurs été visitée par un Européen qui n'avait fait que la traverser ; je sus plus tard que c'était M. d'Espagnat. Adoquoi fut en effet à peu près la limite N. de son exploration.

Les renseignements que je venais de recevoir me décidèrent à envoyer Hémens jusqu'à Alepé chercher des ravitaillements et porter mon courrier. Il refusa obstinément d'obéir. Fatigué des perpétuelles querelles du personnage avec tous ses camarades, je l'expulsai de la colonne. Il la rejoignit aux Miatzé, sollicitant son pardon. Je le mis en demeure d'obéir ; il refusa de nouveau ; je maintins mon arrêt, d'autant qu'il n'était lié à moi par aucun contrat et qu'il avait suivi, sous la garantie de Fyne, à ses risques et périls.

Ce fut alors Aikins qui alla jusqu'à Yacassé, acheter du gin et du tabac. Il me rejoignit aux Miatzé, avec quelque déficit dans son compte et sans avoir pu faire partir mon courrier dont les Apolloniens n'avaient pas voulu se charger. Ils prétendaient que j'écrivais pour me plaindre d'eux : c'était l'aveu anticipé du coupable qui pousse le voleur et l'assassin à se défendre avant qu'on les ait soupçonnés.

Un brave garçon nommé Yapo me donna, sur la région, des renseignements géographiques assez intéressants et dont je pus moi-même vérifier plus tard l'exactitude.

De Diapé il y a une route directe, vers Alepée passant par Lobouin, Mazan, coupant la Rivière Mè à Médgy ou Médgysoh, Denguera (ou Tengra) et le grand Alepée ou bien allant de Denguera à Mémmeni où il y a une station de missionnaires.

De même il existe une route de Diapé à Yacassé par Agrou et Abihen. Elle est coupée près d'Agrou par une grande rivière affluent de la rivière Mè et nommée le *Bénin* et aussi par un grand nombre d'autre rivières dont voici les noms, mais qu'à l'exception du *Membé* je n'ai pas portées sur mon itinéraire, faute d'indications suffisantes : *Batah, Botou, Alepo, Boubien, Assasin, Aquabon, Membé, Aïalo, Tsinso, Ayarohso, Sobien*, plus deux rivières dont Yapo avait oublié le nom et situées entre Abihen et Yacassé.

Il compta de même une dizaine de rivières au N.

de Diapé. J'ai malheureusement égaré la note sur laquelle j'avais inscrit leurs noms. Je me souviens toutefois de la plus importante : le *Bobah* qui coule du N. au S. à l'ouest de Diapé, qui coupe la route de Boudepé à Diapé et celle de Diapé aux Miatzé.

Il y a une réelle difficulté, depuis longtemps signalée, pour les voyageurs, à fixer la direction d'une rivière qu'on n'explore pas sur une longue étendue. Car le même cours d'eau change de nom à mesure qu'il traverse des localités un peu éloignées les unes des autres.

Mais ce qui me frappa le plus au cours de cette « interview » géographique, — où nous dessinions sur le sol les rivières par des lianes et les villes par des petits carrés de papier, — ce qui me frappa le plus, dis-je, c'est l'ignorance profonde où sont tous ces gens sur les pays situés au delà des quatre ou cinq villages les plus rapprochés.

En dehors des routes qui mènent aux grands marchés d'Alépée et d'Yacassé, ils ne connaissent guère que les environs de leur village. Tout au moins éprouvent-ils à s'en éloigner une répugnance presque invincible. Cela tient sans aucun doute, à l'état d'insécurité des chemins et aux guerres intestines qui désolent la région.

Avant de quitter Diapé, je dois signaler qu'on y

récolte le coton, une espèce de tabac indigène et une
plante dont la graine écrasée donne une belle teintu-
re rouge, assez épaisse. Elle sert, me dit Fyne, aux
écoliers de Sierra-Léone à faire de l'encre. Ils l'appellent la « graine rouge pour l'encre » ce qui est insuffisant pour déterminer sa place dans la classification
botanique.

Les Miatzé. — Le 4 juillet à 11 heures du
matin, ne voyant pas venir les hommes que m'avait
fait promettre le chef des Miatzé, je donnai le
signal du départ. Le chef de Diapé nous fit un bout
de conduite, au milieu de la même affluence de
populaire qui nous escortait à notre arrivée.

Route facile Est-Nord-Est et Nord-Nord-Est,
après avoir traversé le Bobah qui rebondit en
cascades torrentueuses sur de petits rochers dans un
lit de 3 m. 50 à 4 mètres. A mi-chemin nous rencon-
trons les hommes des Miatzé qui ont déblayé et
nettoyé le sentier, attention dont je sens tout le
prix. Nous traversons de grandes bananeraies et
deux petits villages appelés aussi Miatzé. Ce nom est
en effet celui d'une ville qui existe encore et que je
n'ai pas visitée. A la suite d'un malheur public,
épidémie ou mort d'un grand personnage, une partie
des habitants abandonna ses foyers, alla fonder dans

la brousse différents villages qui tous portent le nom de Miatzé. Mais dans cinq ou six ans tous les déserteurs réintégreront leurs anciens foyers. Enfin, après avoir gravi une pente assez raide, semée de blocs erratiques, souvenirs, en pleine Afrique, de la période glaciaire, nous atteignîmes, entre quatre et cinq heures du soir, celui des Miatzé où je dois m'arrêter et qui n'est qu'une simple ferme de bananiers entourée d'une vingtaine de cases.

Un bon bain suivi d'un dîner composé d'œufs frais et d'une poule me réconfortèrent tout à fait et je me préparai de bonne humeur au « palabre » du lendemain, car le chef Adoupoh, un vieux bonhomme plein de bon sens, déclara qu'il fallait laisser me reposer.

Parmi les gens qui l'entourent il y en a dont la silhouette me frappe. Leur profil éveille irrésistiblement le souvenir de certains personnages parisiens.

Quelle belle chronique on pourrait écrire là-dessus! quel parallèle plein d'enseignements, on pourrait établir entre la sauvagerie des gens de l'Attié et la férocité de ceux qui, silencieux quand l'adversaire était debout, l'ont piétiné une fois abattu! L'avantage ne serait certes pas du côté des « civilisés ». Les Attiés vous coupent le cou : ils ne vous assassinent pas moralement.

Dès le lendemain nous fîmes fétiche. A force de faire la leçon à Tanoh, il se décida à comprendre et à exécuter cette fois mes instructions.

J'avais, après quelques expériences, remarqué que le fétiche qu'on fait avec les Noirs vous lie sans les lier eux-mêmes. C'est une mesure de précaution, que dans leur superstition grossière, ils prennent contre vous. Mais vous n'avez de chance de bénéficier d'un bon traitement que si vous exigez la réciproque.

Aussi, aux Miatzé, déclarai-je préalablement que, si j'autorisais mon porte-canne à faire fétiche en mon nom, c'était à la condition expresse que le porte-canne du chef fît fétiche, en même temps, au nom de son suzerain. La condition fut acceptée et Tanoh dessina sur le sol une figure qui, je m'en aperçus trop tard pour intervenir, ressemblait à une croix chrétienne. La cérémonie du fétiche se passa comme d'habitude. Un veau, deux poules, des œufs et des bananes présent d'Adoupoh en couronnèrent la fin.

Adoupɔh est âgé. Il ne manque pas d'intelligence; il y a quelques années, il est venu à Grand-Bassam et un de ses boys nommé Yapo — comme le géographe de Diapé — fait constamment le voyage et rapporte les commissions dont on le charge dans la contrée.

Il me montra des étoffes de chez Swanzy, de la

Compagnie de Kong et un petit jeu mécanique de courses de chevaux sur lequel flottaient, ce dont mon patriotisme ne fut pas médiocrement flatté, trois minuscules pavillons tricolores.

Adoupoh est un homme qui aime le faste; il porte un collier qui lui tombe jusqu'au milieu de la poitrine, formé de perles blanches séparées par des plaques d'or massif de l'épaisseur d'une pièce de cent sous en argent, ayant la forme d'un petit jeton carré de jeu de cartes. Dans les cheveux, il a fixé une crête de coq en or massif d'environ 150 grammes. Il est d'ailleurs coiffé d'un chapeau rouge crasseux.

Ce sage a cependant deux ambitions : il convoite une chaise-longue comme la mienne, une veste et un pantalon. Je pus satisfaire ses désirs de toilette; mais, pour la chaise-longue, il dut se contenter d'une promesse. Dans le cours des conversations que j'eus avec lui, il m'apprit qu'il avait un frère aîné, aveugle, chef d'Inguefoh et que là se trouvait de la « pierre d'or ». Il devait m'y faire conduire, mais à l'étape qui suivit les Miatzé son envoyé oublia sa mission et devant la répugnance de Tanoh je n'insistai pas. D'ailleurs Adoupoh lui-même avait commis, en ce qui concerne la résidence de son frère aîné, une erreur qui s'expliquera plus loin. Un seul palabre, amusant celui-là, sous lequel Tanoh qui était en cause se révéla sous un jour inattendu. Il paraît que, dans un voyage antérieur, il avait séduit la femme d'un indigène. Le mari outragé, ayant appris le retour du séducteur, vint avec le chef de son village pour laver l'injure, non dans le sang, mais dans la poudre d'or; le vieux céladon de Tanoh fut obligé de payer l'amende, mais au lieu de cent francs (L. 4) qu'on lui demandait il en paya vingt-cinq (L. 1).

Autre incident, futile sans doute, mais caractéristique. Un homme pesait de l'or non loin de moi; tout à coup l'interprète Aikins me dit, en me montrant le « Gold Book » déployé sur le sol « Tiens! voilà un papier écrit en français! » et il me passa... la première page de mon agenda, celle sur laquelle se trouve le calendrier. Je l'avais détachée pour doubler et renforcer le couvre-nuque de ma casquette et elle s'était perdue sur la route entre Ano et Boudépé. Elle arrivait ainsi, en même temps que moi aux Miatzé. Naturellement je ne la réclamai au nouveau propriétaire : ce qui tombe dans le fossé est pour le soldat.

Je me procurai ici deux beaux blocs de gomme copale dont les arbres abondent dans la forêt que nous traversons à chaque étape.

Traits de mœurs : les enfants se livrent à un jeu qui rappelle celui de la raquette. Ils prennent une touffe de longues herbes, qu'ils lient ensemble par une extrémité; chacun se munit d'un brin de bambou qu'il roule en cerceau et tient dans la main : c'est la raquette. La bande se divise en deux camps; l'un commence par lancer la gerbe après l'avoir fait tournoyer pour la serrer; l'autre camp doit la recevoir dans le petit cerceau et la renvoyer à son tour.

J'ai vu aussi dans les mains des enfants de petits arcs avec leurs flèches mais je n'ai pas eu la chance de pouvoir juger leur adresse. Chacun d'eux possède une petite trompe d'ivoire dans laquelle il s'exerce à souffler au grand dommage de mon tympan.

Les hommes mûrs ont également leurs jeux. Ils ont un passe temps analogue au « JACQUET ». Un morceau de bois de 80 centimètres de longueur sur 40 centimètres de largeur est creusé de douze cases rectangulaires. Chacun des deux joueurs en a six à sa disposition qu'il remplit de petits cailloux. La marche du jeu parait être une combinaison de multiples et de sous multiples de six qui se remplacent de façon à épuiser et à chasser l'adversaire : le jeu s'appelle en anglais le *twelve-holes* (douze trous) et en Attié le « *ouaré* ».

Enfin à Ano un homme s'approcha de moi en faisant des contorsions bizarres. Il avait le visage couvert d'un masque assez bien fait, mais où les yeux n'étaient que dessinés ce qui le faisait ridiculement trébucher à chaque pas.

Je voulus acheter le masque, mais on feignit de ne pas me comprendre : il en fut ainsi d'ailleurs à peu près de toutes les curiosités dont je voulus faire l'acquisition : mauvais pays pour les collectionneurs ; mieux vaut la Normandie où on vous vend sans sourciller du « vieux Rouen » de fabrication aussi belge que moderne.

Le 11 juillet, après avoir entendu les lamentations d'une femme qui venait d'apprendre la mort de son mari décédé à Pétépré et après que le chef Adoupoh, brave homme jusqu'au bout, eût payé de sa bourse les exigences nouvelles des porteurs, nous prîmes, en nous dirigeant vers le Sud-Est, la route de Massaji.

Massaji. — Il était onze heures du matin. De ma vie je n'oublierai le trajet des Miatzé à Massaji. C'est un des plus longs, des plus pénibles et des plus pittoresques que j'ai faits ! Après être sorti des Miatzé et après avoir descendu l'autre versant de la pente rocheuse que nous avions gravie pour y arriver, nous suivîmes d'abord un sentier sur lequel est couché un arbre ou plutôt une série d'arbres se joignant bout à bout et sur lesquels je navigue en conservant un équilibre plus ou moins stable. Ce pavage en bois que n'ont pas prévu les ingénieurs de la ville de Paris se termine par un immense tronc qu'il faut escalader pour retrouver la route.

Nous passons dans un petit hameau Miatzé dont le chef a une canne à pomme d'or superbe. Je vois ici un métier à tisser du modèle que j'ai déjà décrit; mais le tisseur, par une disposition ingénieuse — un inventeur sans s'en douter — a tendu soigneusement son filé de coton, puis lui ayant donné la longueur de l'étoffe qu'il veut fabriquer, il a noué le reste de l'écheveau et l'a placé sur le sol où une grosse pierre plate le tient immobile. Lui-même est installé dans l'intérieur du métier, sur un siège en bambou, les yeux à la hauteur de la broche supérieure, de façon à en surveiller le jeu et à corriger immédiatement tout enchevêtrement de la chaîne et de la trame.

Après avoir recruté des porteurs supplémentaires, nous repartons avec la pluie qui, ce jour-là, n'a cessé de tomber tantôt fine et menue, tantôt par averses torrentielles. La fièvre se met de la partie; le chemin est semé d'épines qui, plus pointues que des aiguilles, se fichent dans la plante des pieds. Nous traversons une rivière dont le lit a au moins vingt mètres de largeur et où nous avons de l'eau jusqu'à la ceinture. Puis, sans transitions, nous gravissons une colline très élevée, à la pente très raide, qui se termine par une arête presque vive, car aussitôt nous redescendons, quelquefois plus vite que je ne voudrais, l'autre versant. A bout de forces, j'essaie de nouveau du hamac, mais mes porteurs, novices dans ce mode de locomotion, se lassent rapidement.

Ils préfèrent me prendre tour à tour sur le dos. Cette équitation à laquelle ne m'ont nullement préparé les excellentes leçons du bon M. Paillard, ne laisse pas que de présenter des inconvénients. J'évite, il est vrai, les épines et les fondrières du chemin, mais les branches de droite et de gauche me déchirent les jambes et, dans les bonds successifs que fait le porteur, ma tête va heurter contre les basses branches des arbres qui bordent le sentier.

Peu à peu, cependant, je me fais à la chose. Je reprends la position normale du cavalier se tenant du genou et de la cuisse et laissant le bas de la jambe libre, je me tiens aux bras de l'homme-cheval pour ne pas gêner sa respiration, je baisse la tête et nous finissons par gagner du terrain.

Un moment nous nous arrêtons dans une grande clairière ; la nuit va venir, peut-être pourrait-on camper. Correa, qui nous a devancés et qui nous attend, s'y oppose : « Vois-tu, Monsieur, ici il y en a beaucoup trop tigres. » En avant donc, car le tigre est un visiteur que personne ne tient à recevoir, même quand ce tigre n'est que la panthère de l'Afrique occidentale.

La nuit tombe. Je suis obligé de prendre la main du guide, car si, en plein jour je n'y vois guère, dans l'obscurité je ne distingue plus rien. J'ai, cette fois encore, constaté la merveilleuse acuité de vue et l'instinct de l'indigène. Plusieurs fois nous perdîmes la route et à chaque coup notre guide la retrouva. Ce n'est qu'en traversant un marigot qu'il s'égara tout à fait. Impossible de retrouver le sentier. Il est vrai qu'il faisait noir comme dans un four. Nous n'apercevions même pas

Cette obscure clarté qui tombe des étoiles.

Nous voilà donc, vers huit heures du soir, les pieds dans l'eau, la pluie sur le dos et sur la tête, contraints à passer la nuit sans feu, sans dîner et probablement sans sommeil.

Cependant nous finissons par gagner péniblement, et à tâtons, un coin de sol moins humide où nous pouvons nous asseoir sur des troncs d'arbres. Enveloppé dans mon caoutchouc, j'essaie de me défendre contre d'innombrables moustiques qui en veulent à ma peau d'européen et je me livre à d'amères réflexions. Je songe, mélancoliquement, aux belles excursions d'antan, dans les bois de Meudon et de Robinson, dans la forêt de Fontainebleau, dans le Jura Neuchâtelois. Je me dis que la « brousse européenne » a, sur la brousse africaine, d'évidents avantages. Mais cette constatation ne change rien à l'état des choses qui est désespérant, sinon désespéré. J'avais néanmoins pris mon parti de la situation. Tenant mon revolver prêt, Kourbaly et son fusil à côté de moi, pour nous protéger contre une indiscrétion possible des fauves, j'étais résolu à patienter jusqu'aux premières lueurs du matin. Tout à coup, Tanoh, qui m'a dit plus tard avoir cru percevoir un bruit lointain, pousse un cri strident et prolongé. Rien. Quelques minutes après, nous poussons tous ensemble le même cri. Cette fois on nous répond au loin. Nous répétons l'appel ; la réponse nous revient plus proche et, au bout d'un quart d'heure, dix flambeaux illuminent notre campement improvisé.

Ai-je besoin de décrire notre satisfaction ? C'était ce brave Correa qui, en vrai troupier débrouillard, jugeant que la nuit nous surprendrait infailliblement en route, avait, sans rien dire pressé, sa marche, pris les devants et avait été jusqu'à Massaji recruter les porteurs de flambeaux. Cette flamme qui éclaire la route me réchauffe les pieds et me procure un soulagement inimaginable. Nous montons, puis descendons des pentes où les cailloux aux arêtes tranchantes, sur ce sol formé de débris de roches, ont remplacé, sans avantage appréciable, les épines de l'après-midi. Nous trouvons une rivière de plus de trente mètres de largeur où nous avons de l'eau jusqu'au aisselles. Cette traversée aux flambeaux ne manque pas de pittoresque, mais ce côté de l'aventure ne m'apparaîtra que plus tard. Enfin, entre onze heures et minuit, après une dernière ascension et ayant fait une étape de 35 à 40 kilomètres, nous arrivons à MASSAJI où une banane rôtie et un peu d'eau et de gin composent mon repas du soir, le second de la journée. Un bain de pieds chaud, presque brûlant, un bon feu et une pipe de tabac français, dont Fyne, homme de précaution, a gardé une petite réserve, me remettent d'aplomb.

Demain, on causera avec le chef Mombooh, homme chauve, d'environ trente ans, que pour le moment je me contente de remercier d'avoir envoyé ses jeunes gens à ma rencontre.

Inutile, n'est-ce-pas, d'ajouter que le lendemain j'étais moulu, brisé, ankylosé et courbaturé par tout le corps ? Mais je me remis vite : ce qui y contribua le plus ce fut le bon accueil que me fit Mombooh.

L'enfer de Boudépé et le purgatoire de Diapé étaient remplacés par le paradis — paradis très relatif d'ailleurs. Je connus ici un genre de supplice auquel les chefs Attié ne m'avaient pas habitué et qui me prouva que, dans sa sollicitude, comme dans son hostilité, le sauvage est sans mesure et sans discrétion : les obsessions pour me faire manger. Il faisait des scènes continuelles à Miss Fyne et à Correa auxquels il adressait le reproche très immérité de ne pas soigner mes menus. Il n'était satisfait que quand il me voyait installé devant une assiette pleine.

Ce n'est pas que Mombooh fût pétri d'une meilleure pâte que les autres noirs ; mais c'est un homme avisé ; il se sera dit que du moment qu'un « blanc » avait pu venir jusque chez lui, d'autres « blancs » ne manqueraient pas de suivre le premier et il voulait se ménager des amis pour l'avenir. Après tout, c'est la morale de l'intérêt bien entendu, la plus universelle de toutes les morales; il n'y a pas à en vouloir à Mombooh d'avoir été, sans s'en douter, un disciple d'Adam Smith. Peut-être même doit-on l'en féliciter, car c'est la seule morale que le sauvage puisse comprendre.

Le matin qui suivit notre arrivée, le guide que nous avait donné Adoupoh prit ma main et la mit dans celle de Mombooh, voulant dire par là, qu'au nom de son chef désormais déchargé de toute responsabilité, il me plaçait sous la protection et me confiait à la garde de Mombooh.

Toutefois, comme je l'ai dit plus haut, il ne lui parla pas de nous diriger sur Inguefoh, ce qui me surprit un peu et prolongea une confusion que j'expliquerai en son temps.

Le chef Mombooh crut devoir me présenter sa famille ; il m'amena, entre autres, sa fille, une jeune personne noire, de trois ans environ, aux bonnes joues rebondies, portant pour tout costume un petit collier de perles blanches autour du cou. Elle se mit à examiner curieusement des yeux et des mains, ma ceinture, les boutons de ma veste, mon binocle surtout. Elle me détaillait de la tête aux pieds ; toute ma personne et toute ma toilette y passèrent. Son père et moi nous riions comme des fous. Mon goût pour les enfants m'a été d'un grand secours dans ce voyage. Quand on a conquis les enfants, on est bien près de désarmer l'hostilité des parents, surtout des parents Attié, chez qui le sentiment de la paternité est très développé.

Les hommes qui rapportèrent le bagage laissé aux Miatzé et dont j'avais confié la garde à Aikins, m'apprirent la fuite de ce dernier vers Diapé, en compagnie d'Hémens. Malgré tous ses défauts, je le regrettai un peu, car il était moins artificieux que Tanoh ; j'étais certain de la fidélité de son interprétation. Et surtout plus que Tanoh, il était apte à poser, aux

Indigènes, les questions relatives à la géographie et à la langue du pays. Je ne fis cependant pas courir après lui, me réservant d'édifier son frère Christian Edmunds sur sa conduite car il me quittait en me dérobant quelques menus objets et notamment un bidon de pétrole dont il m'avait demandé de lui confier la vente. Du reste il rejoignit la colonne le 2 septembre, sollicitant son pardon. Il alléguait pour son excuse qu'Hémens avait fait un fait un fétiche, menaçant Adoupoh de mort, si Aikins continuait le voyage avec moi. Adoupoh avait pris peur et l'avait empêcher de rallier. Il paraît même qu'Hémens avait aussi essayé de débaucher Tanoh mais ce dernier — il faut être juste — avait refusé de m'abandonner dans la brousse. Aikins avait accompagné Hémens jusqu'à Yacassé sur une route de misère et de famine.

Dans cette ville, ils trouvèrent Mombooh, le chef de Massaji qui m'avait entendu parler d'eux et qui les reconnut. Il fit honte à Aikins de sa conduite et me le renvoya. Comme je manquais de bras et que, dans l'intervalle, je n'étais muni d'un autre interprète, je l'autorisai à travailler en qualité de manœuvre. Mais ce n'était pas dans ses cordes, car il me quitta de nouveau pour s'établir médecin « bushman ». Il ne risquait pas de tuer ses malades : très prudent, il n'ordonnait que des remèdes externes — frictions et onctions de pétrole — (le mien !) et d'huile de palme froide ou chaude.

Il me donna quelques nouvelles intéressantes qu'il avait recueillies à Yacassé. Le Gouvernement de la Colonie avait expédié des forces assez considérables dans l'Indénié pour réprimer la révolte des coupeurs de caoutchouc qui, fomentée par l'agent anglais de Coumassie, avait pris des proportions inquiétantes.

C'est à Massaji que nous fêtâmes le 14 juillet; j'avais pris la précaution d'avertir le chef que c'était la « fête des Blancs ». Le 13 au soir, je débouchai une bouteille de gin et je racontai à Fyne et à Correa l'épisode de la prise de la Bastille. Fyne savait bien que c'était — je traduis sa phrase — « l'anniversaire de l'Indépendance des Français ». Mais il ignorait les circonstances. Il a reçu une bonne instruction élémentaire, et comme la conversation s'étendait, je vins à parler de la « République » de Cromwell. — « Oh ! me répondit-il, sir Olivier Cromwell, celui-là, je le connais : il a coupé la tête à Charles Ier ! » Ce n'est pas mal, n'est-ce pas, pour un « tailor » noir de Sierra Léone?

C'est un homme de bon sens, assez honnête dans son genre, aussi honnête qu'un Sierra Léonais peut-l'être, mais son défaut capital était une poltronnerie incurable qui m'a créé mille embarras.

Quant à Correa, il n'avait compris de la conversation qu'une chose, c'est qu'on avait coupé la tête au Gouverneur de Launay : couper la tête à un « Gouverneur » il n'en revenait pas !

Il me révéla les idées les plus étranges : je les relate pour montrer ce qui peut entrer dans la cervelle d'un électeur noir Sénégalais, car Correa est électeur !

Correa croit que l'Amérique est gouvernée deux ans par un homme et deux ans par une femme : c'est un « féministe ». Il croit aussi qu'en France, il y a deux « Empereurs », « l'Empereur des Blancs » et « l'Empereur des Colonies ». Et il me demanda si le premier était le chef du second. Je me bornais à lui répondre affirmativement, ne voulant pas, comme on le pense bien, perdre mon temps à lui exposer l'organisation constitutionnelle du pays dont il est électeur. Mais pourquoi s'étonner ? Il y a, en France, des milliers et peut-être des millions de gens qui ne sont guère plus instruits que Correa et qui sont tout aussi électeurs que lui.

Après un couplet de la « Marseillaise » que j'entonnai à pleine voix : « *Amour sacré de la patrie* » nous allâmes nous coucher.

Le 14, je fis hisser le pavillon devant la maison d'où quelques fortes têtes inférèrent que je prenais possession du pays au nom du gouverneur. A l'observation que l'on me présenta, je répondis que la chose n'était plus à faire et que si les gens se conduisaient mal, ils ne tarderaient, pas à s'en apercevoir. Nous tuâmes un jeune veau dont le chef m'avait fait cadeau deux jours auparavant et que j'avais réservé pour la circonstance. Correa avait eu la bonne idée d'acheter, au prix de quelques feuilles de tabac, trois calebasses de « vin de bambou » que nous distribuâmes aux indigènes en l'honneur de la « Fête des Blancs ».

Malheureusement, le soir je fus saisis par un violent accès de fièvre qui me fit souffrir toute la journée du lendemain et ne me laissa de répit que le quatrième jour.

A Massaji, le chef ne me demanda pas de « faire fétiche » et me traita aussi bien qu'il lui était possible de le faire, ce qui confirma mon opinion sur l'inutilité de cette cérémonie. Je n'entendis parler de fétiche qu'une fois. En traversant la cour de Mombooh j'enjambai, sans y prendre garde, un petit tas de pierres, c'était le fétiche du Chef et j'avais commis un sacrilège. Mais Mombooh eut pitié de mon ignorance et se borna à me demander de ne pas recommencer. Je lui promis de ne plus jouer à saute-mouton avec son Dieu et il ne fut plus question de l'incident.

Le 18 juillet, à neuf heures du matin, après le palabre obligatoire pour l'engagement des porteurs auxquels Mombooh dut prêcher d'exemple en prenant lui-même ma malle sur sa tête et malgré la fièvre qui me torturait, nous nous dirigeâmes vers ce que j'appelais encore ANNAPÉ.

Adoquoi-Annapé. — Nous sortîmes de Massaji par une route faisant Est quelques secondes au Nord. Il nous fallut d'abord traverser la rivière que, sur un autre point, nous avions franchie en arrivant. Ici il y a un pont : c'est un tronc d'arbre le long duquel court d'un seul côté un garde-fou formé de deux lianes. Sans la fièvre qui m'enlevait toutes mes forces, la route facile, quoique caillouteuse, eût été faite en trois heures. Mais dans ces conditions, il me fallut plus de cinq heures pour faire cette étape, en pleine montagne, il est vrai, car nous ne traversons que deux cours d'eau et nous montons sans cesse. Nous arrivons enfin, avec la pluie, par Est, quelques secondes au Sud.

Où sommes-nous ?

Pourquoi y sommes-nous ?

Quand je demandai le nom exact de la ville où je me trouvais, on me répondit :

— C'est Adoquoi.

— Mais nous devons aller à Annapé.[1]

— Nous y sommes.

— Oui ! je sais qu'il y a huit villes qui joignent à leur nom celui d'Annapé, mais Annapé, le vrai, l'unique où est-il ?

— Nous y sommes.

— Mais alors Massaji ?

— C'est aussi Annapé !

Enfin, pour mettre le comble à mon embarras, on me signalait au Sud-Ouest une ville située entre Apiagui et Asséquoi et portant le nom d'Anépé.

C'était un vrai casse-tête chinois ; à force d'interroger Correa en français, Fyne en anglais et Tanoh en mélangeant un anglais fait à l'imitation du sien au peu d'apollonien que je possède, je finis par déchiffrer l'énigme.

Quand, au retour de Fyne à Diapé, je l'interrogeai sur son voyage en éclaireur, il me dit avoir traversé trois villes, les Miatzé, Annapé première, Annapé seconde sans me parler ni de Massaji, ni d'Adoquoi.

D'autre part, quand, aux Miatzé, je faisais le tour d'horizon, on me montrait Annapé au Sud-Est. Le vieil Adoupoh seul m'avait parlé de Massaji mais sans y joindre le nom d'Annapé. Je crus donc que Massaji était une localité nouvelle, différente de celles dont on m'avait parlé jusqu'alors, d'autant plus que je pensais qu'Adoupoh me dirigeait sur Inguefoh où il devait m'adresser à son frère.

Arrivé à Massaji, Fyne me dit bien que c'était cette ville qu'il appelait « Annapé première » mais en continuant à désigner Adoquoi par le seul nom d' « Annapé seconde ». De là ma confusion : quant au chef d'Adoquoi, il me dit avec précision qu'Adoquoi c'était Annapé.

Il résulte de ce qui précède que le nom d'Annapé est un nom collectif et qui désigne, non une ville, mais un groupe de villes, une confédération. En tant que ville, il faut le rayer de la carte.

Au surplus, après mon retour à Grand-Bassam, j'eus l'occasion de voir un croquis de l'itinéraire de M. d'Espagnat qui leva mes derniers doutes. M. d'Espagnat, dans cet itinéraire mentionne Apiagui qui ne figure pas sur la carte Spick et au Nord–Ouest d'Apiagui, il porte Annapé qui n'est autre chose qu'Adoquoi, mais qui lui fut désigné sous ce nom par le guide Esseens dont il sera question plus loin et qui se servait de cette même dénomination avec moi.

J'ignore à la suite de quel événement huit villes ont ainsi pris des noms différents, tout en conservant celui d'Annapé. J'imagine qu'il a dû se passer quelque chose d'analogue à ce qui s'est produit aux Miatzé, deuil public ou guerre civile, mais dont le souvenir plus ancien s'est effacé.

Seconde question encore moins facile à résoudre que la précédente :

— Pourquoi y sommes-nous ?

Pourquoi avons-nous comme point terminal un village de la montagne Attié, alors que nous devrions être dans le Baoulé ?

J'ai posé la question à Tanoh : celui-ci répond que s'il a fait un si long détour, c'est pour me concilier les bonnes grâces des chefs et les empêcher de me susciter des difficultés. La réponse est mauvaise, car Tanoh sait mieux que moi, que plus nombreux sont les points de contact avec l'Indigène, plus nombreuses aussi sont les chances et les occasions de conflit. D'ailleurs ces chefs sont si peu maîtres chez eux que leur influence à distance est absolument nulle.

C'est à Yacassé et à Boudépé qu'il faut chercher la raison véritable qui détermina Tanoh à me faire suivre un nouvel itinéraire et à abandonner l'objectif primitif. On a vu que déjà les chefs de Bécédé et d'Ano avaient manifesté leur répugnance à me voir passer outre. A Boudépé on ne voulut jamais ni me donner des porteurs pour Akoudjé, ni m'en faire venir de cette ville, et on me rejeta sur le Sud-Est. Il est certain pour moi qu'on refusa formellement le passage à Tanoh qui n'osa pas me l'avouer. Il chercha alors s'il ne pouvait pas me diriger sur quelque autre placer et recueillit à Boudépé même des informations qu'il ne me communiqua qu'à Diapé. Il était d'autant plus disposé à se laisser faire violence qu'il était resté sous le coup des menaces des Apolloniens. Tout cela devait d'ailleurs s'éclaircir quelques jours plus tard et des renseignements nouveaux vinrent me prouver que l'explication que je me donnais à moi-même des agissements de Tanoh était parfaitement fondée. Mon nouvel interprète Esseens dont je parlerai tout à l'heure, celui-là même qui avait remplacé Aikins, m'apprit qu'à Yacassé on avait tenté de faire boire à Tanoh « la mauvaise médecine », quelque chose comme le « mauvais café ». Mais le vieux renard avait flairé le coup et l'avait éventé. De son côté Aikins, lorsqu'il me rejoignit, venant d'Yacassé, me raconta que Tanoh avait pris l'engagement, — sans doute pour échapper à la mauvaise médecine, — de ne pas me conduire dans le Baoulé et de me fatiguer par un long détour dans la brousse de façon à m'amener à renoncer de moi-même à l'expédition.

Dès lors tout s'expliquait : Tanoh tenu par ses engagements avec les gens d'Yacassé, et voyant, d'autre part, que je l'aurais suivi jusqu'au bout du monde, avait cherché un autre « placer » qui ne fût pas dans le Baoulé, l'avait trouvé et m'y avait conduit. C'est là la seule explication raisonnable d'un itinéraire qui me ramenait, après deux mois et demi de voyage, à quelques jours au N.-E. d'Yacassé, ayant quitté cette ville en remontant vers le N.-O. ce qui était la direction naturelle pour atteindre le Baoulé !

Et, quand, ayant percé à jour, toute cette série de manœuvres, je reprochai à Tanoh sa fourberie, il eut l'aplomb de se fâcher !

Quoiqu'il en soit, le vin étant tiré, il faut le boire et faire en sorte que l'Attié me donne ce qu'on ne me laisse pas aller chercher dans le Baoulé.

Je suis ici au milieu d'une population qu'on a pris soin de me représenter comme susceptible et féroce. On m'avertit d'être prudent, de ne rien accepter, même comme achat que je ne l'ai préalablement fait goûter au donateur ou au vendeur, car le poison court ici la ville et les champs.

— C'est plutôt gai ! comme on disait de mon temps au boulevard des Italiens.

Je me prépare donc à une nouvelle période de famine : pour débuter on me fait payer une poule 1 fr. 85 (o. 1. 6.).

N'Dacho Encho, le chef d'Adoquoi me paraît un jovial compagnon, assez borné ! Il s'approche de moi à chaque instant et me secoue la main à la française « *Ba ! Ba ! Ba !* » est l'interjection dont il accompagne sa poignée de main. « *Ba ! Ba ! Ba ! Oumbrenou !* »

ce qui veut dire : « Bien ! Bien ! Bien ! homme qui viens du pays des Blancs » ou plutôt homme qui viens du Nord ».

Le soir, j'eus toutes les peines du monde à l'empêcher de boire du pétrole ; j'en fais mettre dans la lampe pour lui en montrer l'usage et le danger. Comme il me voit allumer ma pipe à la flamme de cette lampe, il veut en faire autant. Mais c'est un exercice qui ne lui est pas familier et, malgré les efforts les plus comiques, il ne peut y arriver. Il faut qu'un de ses boys, plus dégourdi que lui, le tire d'embarras. En outre de N'Dacho, maître de la terre il y a le « chef de l'or » nommé Yapi. Ce chef suprême, qui commande à toute la région, est un souverain nomade, résidant tantôt dans une ville, tantôt dans une autre, à la façon de nos rois des premières dynasties.

Au-dessus de N'Dacho, il existe encore à Adoquoi même un chef politique du nom de N'Diamon ; c'est un vieillard presque aveugle ; aussi le pouvoir effectif est-il aux mains de N'Dacho.

N'Diamon est ce frère atteint de cécité dont m'avait parlé Adoupoh aux Miatzé et que par erreur il m'avait dit résider à Inguefoh. C'est un autre de ses frères qui habite ce village, plus connu sous le nom de Massadgé.

Cette abondance de chefs m'ouvre un horizon de cadeaux qui n'est pas fait pour me réjouir et pour peu que la progression continue, je serai ruiné avant d'avoir rien vu.

Heureusement on m'annonce le palabre final pour le lendemain. Mais on m'a tant de fois promis ce « final » que je me méfie, non sans raison, on le verra.

Le 20 juillet, à six heures du matin, on vint donc m'avertir que le peuple et son chef m'attendaient dans la rue, sous la case des Palabres. Après une toilette sommaire, je sors et je m'installe, ayant derrière moi Corréa porteur du pavillon.

Le palabre s'ouvre : ce n'est plus le dialogue officiel où, comme dans les autres villages, les porte-cannes prenaient seuls la parole. Ce sont de vrais comices populaires, une réunion en plein air. Le Chef et ses sujets ne se gênent pas pour intervenir dans les discours des orateurs de profession.

La pensée qui les hante est que je viens au nom du Gouverneur, m'emparer de leur « placer ». Je les rassure en leur disant que s'il en avait été ainsi je l'aurais déjà fait savoir, les agents du Gouvernement français ayant pour habitude de ne dissimuler ni leur qualité ni leur mission. « Non ! je ne suis rien qu'un « simple voyageur protégé — il est vrai — comme « tous les Français par les chefs de mon pays (cette

« exagération était nécessaire). Je ne demande qu'à
« travailler en paix en laissant les autres en faire au-
« tant. »

Ce petit discours parut calmer les inquiétudes ; on
apporta le Fétiche : une batterie de cuisine ! un ménage bushman complet que ce fétiche !

Tanoh dessine alors sur le sol, à côté, la croix chrétienne. Mais me souvenant de ce qui s'était passé
aux Miatzé, je corrige son dessin.

Avec le bout de ma canne, je fais autour de la
croix un rond de façon à représenter une courbe, un
de ses diamètres et une corde perpendiculaire et à enlever ainsi au fétiche de Tanoh tout caractère chrétien.

Quelles que soient en effet mon origine et mes
opinions personnelles, je ne trouve pas séant de laisser compromettre par la promiscuité d'une barbare
et stupide superstition, le symbole que révère l'immense majorité des peuples civilisés.

La promenade des porte-cannes exécutée comme
d'habitude de l'Est à l'Ouest, le chef s'approcha du
fétiche et prononça une invocation qu'il termina par
une sorte de cantique et, enfin, s'éloigna en titubant
comme s'il était frappé de l'Esprit.

Le quart d'heure de Rabelais était arrivé : on me
réclama le prix de la représentation : un jeune veau,
trois dollars anglais (o. 13. 6) de gin et surtout du

tabac. Je trouvai que c'était payer un peu cher la place : Je refusai le veau ; j'accordais le gin et seulement deux dollars de tabac.

Les gens satisfaits font apporter une bouteille de gin en supplément et, après en avoir avalé quelques gorgées, ils rejettent le reste en pluie — par la bouche, heureusement — sur le Fétiche qui doit être bien content de l'aubaine. Enfin on remporta la batterie de cuisine sacrée ; quant aux détails de l'arrangement on devait les régler dans une conversation privée que j'aurai ultérieurement avec le chef.

En attendant, je note quelques détails intéressants : tandis que dans les autres villages — chacun des villages que j'ai traversés à son exploitation aurifère, je m'en doutais— le placer est la propriété du chef du village, à Adoquoi-Annapé, il est la propriété d'une confédération de huit villes : Adoquoi, Massajé, Adopé, Nyan, Diasson, Mabifoun, Foufouasson, Assequoi.

Il y a une sous-confédération enclavée dans la première : Apiagui, Massadjé, Anépé, etc. ; elle a ses « placers » spéciaux. Toutefois Adoquoi a, dans la confédération principale, une sorte de prééminence, un droit de garde et de surveillance qu'il doit, sans doute, à sa position géographique centrale, à sa proximité du gisement et peut-être aussi à une raison historique.

J'occupe mes loisirs à parcourir le village. Les maisons sont mal et pauvrement construites ; c'est du pisé, c'est-à-dire un simple coffrage en lattes de bois sur lequel on a plaqué de la boue mêlée à un peu de grès rouge, le tout séché au soleil, et recouvert d'une couche de calcaire blanc.

Les cours ont des caniveaux pour les eaux ménagères, mais on n'a pas prévu les pentes d'écoulement, si bien, que mal entretenues, ces cours forment, dans la saison des pluies, d'immondes cloaques.

Le sol est formé d'une glaise glissante, semée de grès rouge et de débris de roches.

Tous ces terrains d'ailleurs, malgré leur altitude actuelle, ont dû jusqu'à une époque géologique assez récente, être recouverts par la mer.

Cela semble résulter non seulement de l'existence des lagunes, véritables mers intérieures, en communication avec l'Océan qui s'étendent jusqu'à plus de 60 kilomètres au delà de la côte ; de la présence surtout des blocs erratiques que j'ai trouvé aux abords des Miatzé, vestiges en pleine Afrique des temps de la période glaciaire, de nombreux et immenses coquillages, d'origine marine, aux couleurs variées et brillantes qu'on trouve dans la brousse et dont l'indigène se sert comme de verres à boire après avoir fait cuire et mangé l'animal qui les habite.

On m'apporte un oiseau qu'un chasseur vient de tuer, sorte de héron au plumage blanc et noir. Il se nourrit de graines de palme et de poisson. Correa m'assure qu'il est bon à manger et bien qu'à l'essai je trouve sa chair coriace et huileuse, il n'en est pas moins le bienvenu. Un autre jour on me vend une bécassine, du sanglier, un cuissot de biche. Mais ce sont là des occasions rares et que je n'ai guère rencontrées qu'au début de mon séjour, tant que je n'ai pas commencé à travailler le sol aurifère. A partir de ce moment, toute vente, tout cadeau cesseront; on essaiera de me réduire par la famine et je jeûnerai des jours entiers.

Cela m'a fait faire des essais culinaires étranges sur les différentes façons d'apprêter la banane. Je finis par me fatiguer de la banane bouillie au piment et au sel et de la banane rôtie sous la cendre qui est plus que médiocre; de la banane pilée en « foutou » dans la soupe aux herbes dont on ne corrige la fadeur qu'avec un piment brûlant. Je l'assaisonne au jus de poulet ou à la sauce de poisson fumé quand j'ai pu m'en procurer : c'est passable.

Je la fais revenir dans l'huile de palme, en guise de pommes de terre sautées : tant que j'ai pu conserver quelques oignons ou un peu de bouillon concentré, c'est très mangeable et en y apportant un peu de soin c'est même bon. Mais le triomphe c'est la transformation de la banane en salade de pommes de terre. Encore faut-il avoir de l'huile et du vinaigre.

Je goûte aussi de ce grand coquillage dont j'ai parlé. Avec les épices nécessaires, ce serait peut-être bon; à même, dans la soupe aux herbes, on s'en contente faute de mieux. Mais le mets le plus délicat est une sorte de champignon gigantesque; Fyne le connaît et me garantit son innocuité; d'ailleurs les Indigènes en sont très friands. La chair en est fine et un peu aromatisée et en le faisant revenir dans l'huile de palme avec un assaisonnement de sel et de piment on a un plat presque marseillais!

Entre temps, j'appris qu'Yapi, le « Roi de l'Or », irrité contre le peuple d'Adoquoi, et aussi,   ·comme j'en aurai postérieurement la preuve — pour éviter de me voir, s'est réfugié sur les bords de la rivière Mè d'où il ne veut pas revenir. Chaque jour d'ailleurs il est renseigné sur mon attitude. Cela m'explique la longue inaction dans laquelle je suis retenu et me prouve aussi que, comme je l'avais présumé, nous ne sommes pas très loin de la rivière Mé, faisant Nord Nord-Est à partir d'Yacassé.

Bref, il me fallut envoyer deux messagers à Yapi. Ce ne fut pas sans peine que je les obtins. Après une discussion assez vive au cours de laquelle je fis mine de m'en retourner sur le champ à Grand-Bassam, on me donna les deux envoyés; on émit alors la prétention de me faire payer leur course trois dollars ; j'en fus quitte pour six shellings en poudre d'or. Partis le 28 juillet, les messagers revinrent le 29 au soir. Mais Tanoh, qui n'est jamais pressé, ne me donna la réponse qu'un jour plus tard. Yapi ne voyait pas d'inconvénient à me laisser travailler sur le « placer » ; au surplus, dans trois ou quatre jours, il m'enverrait son homme de confiance, un Fanti nommé Kobrah, pour régler les conditions du marché et recevoir le cadeau.

Force m'était donc d'attendre et de continuer, pour me distraire, à étudier le pays.

Dans la maison qui fait face à celle où j'habite une femme meurt; je n'assiste pas, comme à Diapé, à tous les détails de la cérémonie funèbre. J'entends, du moins, les lamentations qui se reproduisent à heures fixes, pendant trois jours et j'assiste à la levée du corps. Il part, dans une natte ficelée avec des lianes, au travers desquelles on a passé une forte branche d'arbre que les porteurs se mettent sur la tête. Les amies de la morte accompagnent, pendant quelques instants, hors de la maison. Pendant ce temps, une vieille femme, la mère, s'éloigne à pas lents, en sens inverse du convoi, en chantant une mélopée plaintive, coupée de sanglots plus ou moins forcés.

Je n'ai pu savoir s'il y a eu sacrifices humains non plus que pour un autre décès survenu quelques jours plus tard, celui du frère de Bombée, un brave homme de forgeron qui m'a rendu quelques services. Le matin, Bombée vint me voir pour me l'annoncer; à cinq heures, après les lamentations, il revint ayant pris le deuil, c'est-à-dire tatoué de la tête aux pieds. N'Dacho et ses gens, proches parents de Bombée et de son frère, s'étaient rasés la tête, également en signe de deuil. Bombée n'avait pas d'ailleurs l'air autrement affecté et causait gaiement. Il sollicita même le verre de gin de consolation.

Plus tard, vers la fin de septembre, je vis une femme dont une captive portait le bagage sur la tête, ameuter le village par des cris de fauve; elle venait d'apprendre la mort de sa mère décédée dans un village voisin et se rendait aux funérailles. A peine hors d'Adoquoi et lorsqu'elle se crut hors de portée de la vue — j'avais eu la curiosité de la suivre — ses lamentations cessèrent et elle se mit à arpenter la route en causant joyeusement avec sa compagne.

Pendant ce temps, sa sœur qui ne pouvait s'éloigner parce qu'elle était retenue pour dettes, me fatiguait par les pleurs qu'elle essayait d'arracher à une douleur absente. Enfin un jour d'octobre alors que j'expédiais devant moi mon bagage sur la route du retour, je vis arriver un convoi funèbre. C'était celui d'une femme de Diasson qu'on venait ensevelir à Adoquoi son pays d'origine. On déposa le cadavre sur le sol près de l'endroit où on creusait la fosse. Une femme l'éventait pour chasser les mouches. Le mari suivait à quelques pas, se roulant par terre et poussant les lamentations d'usage « Oh! Ehia! Aho! ». Pendant ce temps, avec des planches taillées au machète, on fabriquait le cercueil. A ce moment, mon convoi partit et je m'éloignai par discrétion, mais là non plus je n'ai pas entendu dire qu'il y ait eu de sacrifice humain.

Les morts sont ensevelis dans une ville abandonnée ou dans la brousse. Au cours d'une de mes promenades aux environs d'Adoquoi, j'ai vu deux de ces tombes. Le terrain complètement débroussé est battu soigneusement à la place même où en Europe nous fixons la pierre tumulaire. Sur cette tombe, des écuelles d'eau, des assiettes d'importation européennne, avec des restes de « foutou » que se disputent des myriades d'insectes, quelques instruments usuels et du coton pour travailler, l'éponge en fibres de palmier pour la toilette. L'idée qui domine toute la cérémonie et tout le rituel des unérailles est que la vie ne peut s'éteindre, ainsi, d'un seul coup, et qu'elle doit se continuer avec ses plaisirs, ses besoins et ses infirmités, par delà la tombe.

Entre temps je pénètre dans quelques cases; dans l'une, on tourne de la poterie de glaise qui cuit sur un petit feu; dans l'autre un orfèvre prépare le foyer sur lequel il va travailler; il l'attise avec une sorte de soufflet fait d'une peau de bête divisée en trois corps qui se gonflent et se dégonflent alternativement comme les plis d'un accordéon.

Des enfants jouent dans la rue, divisés en deux camps; chaque parti a devant lui six pierres placées sur deux rangs parallèles, trois par trois; il s'agit, avec une pierre supplémentaire de toucher et de déplacer les pierres de l'adversaire. C'est, comme on le voit, un composé du jeu de boules et de la palette. Mais, particularité singulière, la pierre touchée n'appartient pas à celui qui la touche, mais au joueur du camp adverse assez alerte pour la ramasser et à qui elle sert de projectile supplémentaire. Chaque camp joue ainsi au profit du camp opposé. Plus loin de petites noix elliptiques servent de toupies que des gamins font, avec adresse, tourner sur une natte. Un autre jour enfin, tout comme de petits Français, les boys jouent « au soldat ». Armés de bâtons auxquels ils ont vaguement donné la forme d'un fusil de traite ou d'une lance, ils s'attaquent et se poursuivent. Mais là, nulle discipline, nulle tactique, ils se pourchassent indistinctement les uns les autres sans avoir l'idée de se séparer en deux armées; c'est la lutte individuelle, l'image fidèle de la guerre « noire ».

Je prenais d'autant plus d'intérêt à ces distractions que ma compagnie se trouvait réduite à Fyne et à sa fille. Kourbaly, malade à la suite des fatigues de la rude étape des Miatzé à Massaji, avait dû rester dans cette dernière localité d'où je recevais de ses nouvelles de temps en temps; le pauvre diable ne pouvait remuer une jambe et ne me rejoignit que le 28 août, je dus, d'ailleurs, payer un dollar (o. 4. 6) pour les soins qu'on ne lui avait pas donnés.

Quant à Correa, je l'avais expédié à Bassam d'où il devait me rapporter des vivres, quatre courriers d'Europe que j'attendais avec impatience, et enfin des médicaments : antiseptiques pour mes plaies qui ne veulent pas guérir; quinine dont ma provision est épuisée. J'ai usé, pour mes gens et moi, vingt grammes de quinine en trois mois; la fin de la saison des pluies approche et je supporte toujours difficilement les changements de saison. Ce fut cette dernière raison surtout qui me décida à me séparer

de Correa, qui partit le 24 juillet par la voie d'Ado-
quoi et d'Oupé vers Alépée. Il rejoignit au Petit
Akoudjé la route qui, de Lobouin et Mazan, va vers
Medgysoh. Il traversa la rivière Mè à Maubioquoi
que je visiterai plus tard et de là par Denguèra et
Memmeni gagna Alépée. C'était, à très peu de choses
près, l'itinéraire indiqué par Yapo, mon géographe de
Diapé.

J'attendais toujours la visite promise de l'envoyé
d'Yapi « le Roi de l'or », quand, dans la nuit du 5
au 6 août, je fus réveillé par un tapage étrange, un
va et vient considérable de gens dans la maison et
dans la rue.

Mes compagnons effrayés vinrent me prévenir qu'il
venait d'arriver dans le village un nombre considérable d'étrangers. Fyne redoutait une agression noc-
turne. Je le rassurai en lui faisant remarquer que si
telle avait été l'intention des Indigènes, ils n'auraient
pas commencé par nous avertir de nous mettre sur
nos gardes.

Toutefois, par mesure de précaution, je me levai,
et me tins, le fusil à portée, prêt à tout événement.
Sur ces entrefaites survint Tanoh, qui me dit qu'Yapi et Kobrah traversaient la ville pour aller aux environs surprendre et saisir des débiteurs.

Je ne sais pourquoi, à ce moment, avec cette rue

pleine d'hommes armés de leurs longs fusils, éclairée par des portes-flambeaux, me revint à la mémoire un passage d'Erckmann-Chatrian dans « 1813 » ; le passage où ils dépeignent l'arrivée à Phalsbourg, par une nuit sombre, de Napoléon Ier rejoignant la Grande Armée en marche pour la campagne de Russie.

Le fait est qu'Yapi voyageait comme un chef d'Etat !

Quoiqu'il en fût, je dépêchai Tanoh porteur d'une bouteille de gin — gros calibre — pour tâcher d'avoir une entrevue avec ce potentat nègre. Mais peu d'instants après, mon messager revint avec mon porte-canne me prévenir qu'Yapi et Kobrah me faisaient saluer, mais que, pressés et couverts de boue, ils s'excusaient et promettaient de revenir me voir dans deux ou trois jours. Dès lors il était clair qu'on m'évitait et qu'on cherchait à lasser ma patience. Il fallait aviser : J'arrachai à Tanoh et à Fyne la promesse que, les deux jours écoulés, ils iraient à la recherche d'Yapi. Ils n'exécutèrent pas cet engagement sous le prétexte que, Correa n'étant pas de retour, ils n'avaient pas de gin à lui porter comme cadeau de bienvenue. La vérité est que Tanoh tremblait d'aborder Yapi et qu'il avait réussi — ce qui n'était pas difficile — à faire passer ses terreurs dans l'esprit de Fyne.

Je patientai encore quand, le 9 août, trois mois juste après notre départ, arriva la femme Fanti que nous avions embarquée à Bassam et qui se nommait Nana — Nana la fanti — pour la distinguer de ma vieille amie de Diapé. Avec elle voyageait un traitant du nom de d'Esseens, qu'elle présentait comme son frère, parlant très suffisamment un anglais incorrect et très couramment l'attié. Ils venaient par Apiagui du Petit Akoudjé au S. O. d'Adoquoi. Nana était à la poursuite de débiteurs, les uns récalcitrants, les autres introuvables.

Esseens venait, de son côté, réclamer la succession de son oncle, parent lui-même d'Hémens.

Cet oncle, ayant travaillé à Adoquoi, avait recueilli — m'avait raconté antérieurement Hémens — « un pot » plein d'or. Un jour un indigène vint l'inviter à boire le vin de palme ; il accepta et trois jours après il était mort, Hémens et Esseens pretendaient qu'on l'avait empoisonné. Le fait n'aurait rien eu d'extra-ordinaire. Toujours est-il que je retins Esseens comme interprète pour remplacer Aïkins et suppléer Tanoh trop insuffisant. Connaissant bien le travail de l'or, Essens avait déjà servi de guide à M. d'Espagnat quand, par Brafodomou et Denguera, il traversa la partie Est de l'Attié, entre la rivière Mè et Apiagui. Ce ne fut pas un simple hasard qui conduisit Esseens

près de moi. J'imagine qu'il dût recevoir l'avis qu'un
« Blanc » s'établissait sur le « claim » de son oncle ;
profitant de ce qu'il m'avait vu et causé à Yacassé
et de ce que Nana me connaissait pour avoir navi-
gué de conserve pendant six jours, il vint offrir ses
services, espérant par là retirer quelque chose de son
héritage de famille. D'ailleurs, plus tard, quand revenu
à Grand-Bassam, j'eus l'occasion de lire le livre si
intéressant de M. d'Espagnat « *Jours de Guinée* » je
vis qu'Esseens s'était présenté à lui, comme à moi, ino-
pinément et faisant bon effet au premier abord.

Sans s'en douter, Esseens avait importé en Afrique
la profession toute helvétique des « guides pour voyageurs ». Il entra immédiatement en fonctions.

Il commença par déclarer à N' Dacho, le chef
d'Adoquoi « que ma patience était à bout. L'espoir
« de me lasser par des atermoiements successifs pro-
« venait d'une erreur grossière. Si je retournais à
« Bassam, ce serait pour exposer à qui de droit les
« obstacles apportés par les Indigènes à l'exploitation
« de biens « sans maîtres » et je dégageai d'avance
« ma responsabilité pour le cas où le Gouverneur de
« la Colonie croirait devoir aviser et prendre des
« mesures de rigueurs ».

N' Dacho essaya encore de temporiser, mais je dépêchai un nouvel express à Yapi pour le prévenir

que, s'il ne venait pas ou s'il n'envoyait pas de représentant, je me passerais de son autorisation. En effet, on nous avait désigné un emplacement pour travailler ; on nous avait fourni — pendant quelques jours — des hommes pour débrousser le terrain ; N' Dacho et ses boys me construisaient une maison dans le village pendant que Tanoh se bâtissait une case à portée du « placer ».

Pourquoi tout cela, si nous ne devions pas commencer à travailler ?

Comme je le prévoyais, Yapi fit répondre qu'il ne pouvait venir et que, de plus, son homme de confiance Kobrah était dans la brousse — sans doute pour échapper aux réclamations de Nana la Fanti à qui il devrait £ 20 (500 fcs). Alors je mis N' Dacho en demeure de s'exécuter, de me dire si, oui ou non, je pouvais commencer à prospecter ? Il consulta N' Diamon, le chef aveugle d'Adoquoi. Il reçut sans doute aussi l'assentiment d'Yapi qui, ne voulant à aucun prix se rencontrer avec un « Blanc » et sentant d'autre part qu'il fallait en finir, laissa N' Dacho libre d'agir à sa guise. Ce dernier consentit alors, le 11 août, à signer un engagement redigé en français et aussi en anglais pour qu'Esseens pût le lire et le traduire — et que je fis postérieurement enregistrer à Grand-Bassam.

Aux termes de cet engagement très succinct, le chef d'Adoquoi me donnait « comme Français voya-
« geant sous la protection du pavillon national, le
« droit exclusif pour tout autre Européen ou civilisé
« de travailler l'or sur l'emplacement d'Adoquoi-
« Annapé, direction Nord-Est, et qui est la propriété
« de cette ville ». On prit la main de N' Dacho pour lui faire apposer une croix sur le « latoh » (feuille de papier, écrit).

Esseens et Miss Fyne signèrent comme témoins.

C'était un succès — tout au moins un avantage d'avant-garde — et comme un bonheur ne vient jamais seul, nous pûmes, ce jour-là, nous procurer du poisson fumé et un quartier de biche.

Esseens et Nana la Fanti partirent alors pour voir Yapi et régler leur différent avec Kobrah. Je leur adjoignis Fyne, porteur du pavillon, avec la mission d'aviser Yapi de l'arrangement conclu avec N' Dacho, arrangement sur lequel, d'ailleurs, je n'admettais aucune discussion.

Ils trouvèrent ou plutôt découvrirent Yapi qui essaya encore de se dissimuler et de s'esquiver. Il était à Massadjè — ne pas confondre avec Massaji — sur la route de Diasson, au S. E. d'Adoquoi, en redescendant vers la rivière Mè.

Yapi déclara qu'il répugnait, à la vérité, à voir un

« blanc » venir s'établir dans le pays parce qu'il serait infailliblement suivi de beaucoup d'autres. Mais puisque N'Dacho avait accepté de signer l'arrangement, il y donnait son adhésion et puisque le terrain avait été exploité par l'oncle d'Esseens, je n'avais qu'à m'entendre avec ce dernier.

Cette réponse, suffisante pour moi, était très habile de la part d'Yapi, car elle le débarrassait à la fois de mon insistance et des réclamations possibles d'Esseens. De plus, aux yeux des indigènes, Yapi faisait peser sur N'Dacho la responsabilité d'une entente avec un « blanc ».

Bref, pour réserver l'avenir et tirer de la situation tous les avantages qu'elle pourrait comporter, je fis incrire au dos de l'engagement de N'Dacho et à la date du 15 août, une mention par laquelle Fyne et Esseens « certifient que Yapi, informé de l'engage- « ment signé par N'Dacho, l'a accepté et qu'il a « chargé Esseens de l'exécution du traité ».

Yapi fit même plus que je n'attendais de lui : il envoya un messager spécial qui confirma à N'Dacho la conclusion de l'arrangement. Il donna à Esseens quelques indications particulières sur la nature du gît aurifère et sur certaines précautions à prendre au cours des opérations de recherches.

D'après ce que me dit Fyne, c'est un petit homme

à l'aspect imposant; il est entouré d'un véritable appareil guerrier. Tout en faisant la part de l'exagération Sierra-Léonaise, je crois cependant que Yapi jouit d'une autorité plus considérable qu'aucun des chefs que j'ai déjà visités. J'eus d'ailleurs l'occasion de constater moi-même plus tard qu'Yapi exerce sur la contrée une véritable tyrannie. Il n'hésita pas, par exemple, le 14 septembre, à faire enlever et vendre comme esclaves une femme enceinte et un boy soupçonnés de je ne sais quel méfait !

D'après Fyne, la route qu'ils suivirent au départ, plus longue que celle qu'ils prirent au retour, traverse le vieil Adoquoi, aujourd'hui abandonné et sur l'emplacement duquel on a creusé des puits d'or. A Apiagui également, ils virent un grand nombre de puits et, parmi eux, Esseens montra à Fyne le puits creusé par M. d'Espagnat et que ce dernier dût abandonner à la suite de difficultés avec les indigènes. Une rivière, grossie par les pluies, longe le chemin et charrie de l'or. Enfin la route est, sans interruption, bordée d'acajous. Massadjé est un grand village où les maisons sont bien construites et bien aménagées. Cette description devait être exacte, car j'ai pu m'assurer à plusieurs reprises que Fyne, lorsqu'il n'est pas en proie à ses terreurs habituelles, est un observateur fidèle et parfois sagace.

Tout était donc terminé et on allait travailler quand surgit avec Tanoh un nouveau différend, qu'à vrai dire, j'avais prévu depuis longtemps. Tanoh déclara qu'il n'était pas ouvrier et qu'il ne s'était pas engagé à travailler pour moi. Il devait seulement me montrer une place : il l'avait fait et ne me devait plus rien. Cela m'expliqua l'insistance qu'il mit dès notre arrivée à me conduire au « placer », insistance qui m'avait paru suspecte, car elle contrastait trop avec ses habitudes de temporisation et de nonchalence. Il aurait voulu pouvoir me dire : « Je vous ai « montré une place, je ne vous dois plus rien, dé- « brouillez-vous! » Cette fois le vieux renard était dépisté.

Maintenant il voulait travailler pour son propre compte et réclamait un coin de terre. Mais, le traité en main, je lui interdis de travailler à Adoquoi, d'autant plus que, malgré ses promesses réitérées, il avait refusé d'aller trouver Yapi et n'avait en rien coopéré à la conclusion de l'arrangement. Il s'adressa alors à Esseens qui lui répondit qu'Yapi l'avait chargé de traiter avec le « blanc » et non avec lui et que, s'il outrepassait ses pouvoirs, il s'attirerait des désagréments. Tanoh d'ailleurs n'avait pas démasqué ses batteries du premier coup : il avait commencé par réclamer des femmes pour laver l'or, à quoi j'avais répliqué qu'avant de songer au lavage il fallait d'abord se mettre en mesure d'extraire. Puis il déclarait le concours de Correa indispensable et voulait attendre son retour. Bref, il avait encore cherché à traîner les choses en longueur et ce n'est que poussé dans ses derniers retranchements qu'il dévoila ses pensées de « derrière la tête ».

Cela ne m'inquiéta pas beaucoup parce que je savais que les indigènes, irrités de ce qu'il m'eût amené dans leur pays, ne lui faciliteraient pas les moyens de travailler seul et ne l'aideraient pas à me créer des embarras. Il serait placé dans l'alternative ou de se retirer ou de se soumettre.

Il se soumit d'abord et s'en alla plus tard.

Il revint, en effet, le lendemain matin prétendant qu'il ne connaissait pas l'arrangement passé avec Fyne ; Hémens, disait-il, ne l'avait avisé de rien ; ce devait être la vérité, car il faut toujours qu'Hémens trompe quelqu'un. N'osant pas se risquer avec moi, il s'était réservé Tanoh et avait à dessein laisser les choses dans le vague. En fin de compte Tanoh désirait que sa part de bénéfice lui fut garantie. La demande était juste et j'y consentis tout de suite. Il signa donc avec Fyne une convention qui assurait ses droits, mais par laquelle aussi, il s'engageait à donner tous ses soins et tout son temps à l'entreprise commune.

Cela se passait le 8 août.

Presque le même jour, le lendemain, je crois, autre palabre avec le même Tanoh à qui son tempérament « de feu » joue décidément de mauvais tours.

N'Dacho vient me trouver en me disant que Tanoh cohabitait avec la veuve d'un de ses frères, laquelle refusait à la fois et de prendre N'Dacho pour second mari et de rembourser la dot que sa famille avait reçue du défunt. Elle devait, dès lors, rester en quarantaine jusqu'à ce que satisfaction eût été donnée à la loi du pays.

Les propos s'aigrirent rapidement et N'Dacho, aidé par deux de ses hommes, se jeta sur Tanoh et voulut l'amarrer. Jusque-là je m'étais contenté du rôle de spectateur et je m'amusais énormément de la colère de coq jaloux de N'Dacho et de la mine mi-déconfite et mi-railleuse de Tanoh. Mais j'intervins pour empêcher les voies de fait. Personne — déclarai-je — n'avait le droit de toucher à mes hommes sans ma permission et, s'ils se conduisaient mal, c'était à moi qu'on devait en déférer. N'Dacho se rendit à mes raisons avec assez de bonne grâce et exigea seulement — chose trop naturelle pour être refusée — que Tanoh ne cohabitât plus avec la dame ou qu'il payât le prix fixé par la coutume.

Pour me remercier de l'avoir tiré de ce mauvais

pas, Tanoh me bouda pendant trois jours, ce dont je ne fis d'ailleurs pas semblant de m'apercevoir.

Tous ces incidents m'avaient conduit au 19 août, anniversaire de ma naissance. Seul dans la brousse, sans nouvelles d'Europe, sans une parole de consolation, livré à mes pensées que je ne pouvais confier aux demi-civilisés qui m'entouraient et forcé, malgré la famine et la fièvre, de me montrer de bonne humeur pour soutenir l'énergie, parfois défaillante, de mes compagnons, voilà dans quelles conditions j'allais atteindre ma quarante-septième année.

Quelle destinée que la mienne !

Que de fois pendant ce voyage, durant les longues journées d'attente et les soirées d'inaction, que de fois est venu me hanter le souvenir de ceux que j'ai perdus, des amis que j'ai laissés là-bas, bien loin ! Que de fois leurs images ont passés devant mes yeux ! Et, par une naturelle association d'idées, ma pensée se reportait sur ma vie passée si agitée, où je comptais d'abord tant de succès, tant de catastrophes et d'amertumes ensuite.

Je faisais mon examen de conscience ; j'établissais le parallèle entre les erreurs que j'ai pu commettre et les services rendus sans esprit de retour, ma passion constante et désintéressée pour les choses de l'esprit ; mon dévouement sans bornes à mon parti et à mon pays : je ne parvenais pas à me convaincre d'avoir été l'homme qu'on a représenté; si sévère que je fusse pour moi-même, ma conscience protestait contre le portrait qu'on a fait de moi.

Puis, laissant la rêverie suivre son cours, je recomposais mon existence au gré de mes désirs et en tenant compte des leçons d'une dure expérience. Que d'erreurs commises, que d'occasions de bien faire j'ai laissé échapper par mon obstination à galvaniser un cadavre qui ne voulait plus vivre !

Quelle page je pouvais écrire et à quelle extrémité suis-je réduit ! Pourquoi le cacher ? Moi qui n'avais pas trouvé de larmes aux jours d'épreuves, je les ai senties plus d'une fois couler, lentement; la nuit, loin de tous regards, moins sur ma carrière brisée, sur mes espérances évanouies, moins même sur mon foyer écroulé, moins sur tout cela qu'au souvenir des tortures morales qu'on m'infligea sans miséricorde et peut-être sans équité. Je sortais de cette confession intime profondément triste, sans rancune toutefois contre les hommes, sans colère contre le destin et plutôt réconforté, l'espoir finissant toujours par reprendre le dessus.

Espérer est le fond de ma nature. Je crois toujours que demain sera meilleur qu'hier ; c'est souvent une illusion, mais cette illusion donne la force et le courage de vivre.

CHAPITRE IV

LE PLACER

Le 18 août, donc, à neuf heures du matin, juste un mois après mon arrivée à Adoquoi, Fyne, Tanoh, Esseens et N'Dacho se mirent en route. Ils emportaient comme outillage trois de mes grands marteaux et trois pics en fer que le forgeron Bombée avait forgés au prix de 0,09 d. chacun (90 c.). Ils emportaient de plus une bouteille de gin et des bananes bouillies, pour faire, sur place même, un sacrifice au Fétiche de l'or et le bien disposer en notre faveur. Je ne tenais pas à participer à ce fétiche; Esseens, comme porte-canne interprète, suffisait à me représenter; d'autre part, le « placer » se trouvant en pleine brousse, je préférais attendre pour m'y rendre que mes hommes m'eussent ouvert un chemin si rudimentaire fût-il. J'avais été, d'ailleurs, les jours précédents, fortement secoué par de violentes douleurs d'entrailles, coupées par une tisane faite de feuilles de cotonnier, de citronnier, de thé sauvage et d'une autre plante dont on ne put me donner le nom anglais. Cette tisane, d'une amertume extrême, avait eu un effet rapide et je ne me souciais pas de voir reparaître les horribles étreintes qui, pendant quarante-huit heures, m'avaient tenaillé l'intestin. Quelqu'envie donc que j'eusse de voir, de mes yeux, le champ où j'allais livrer une nouvelle bataille à la Fortune, toutes ces raisons me firent attendre au logis le retour de mes prospecteurs.

Ils revinrent vers cinq heures du soir; le travail, me dirent-ils, serait dur et exigerait une forte main-d'œuvre pour déplacer quatre blocs énormes de quartz superposés. Au-dessous de cette pyramide quartzeuse devait, au dire d'Esseens qui connaissait la place, pour avoir vu son oncle y travailler, se trouver le centre du gisement aurifère.

En attendant que nous eussions pu nous procurer cette main-d'œuvre, nous décidâmes de prospecter tout le terrain qui entoure le bloc. Esseens me remit un éclat de quartz dans lequel l'or étincelle en petites lamelles et en petites pointes sur les tranches rosées de la cassure.

Je ne raconte pas les innombrables palabres avec N'Dacho et Bombée pour avoir les manœuvres promis de jour en jour et que je ne vis jamais arriver; les querelles à pacifier entre Tanoh, Esseens et Fyne, lequel jouit d'un caractère détestable que j'ai dû plusieurs fois réfréner.

La plus grande difficulté que je rencontrai, difficulté à laquelle on n'échappe pas, du moment qu'il faut avoir recours à la main-d'œuvre indigène, consiste en ce fait que le travail de l'or est chez les noirs un véritable sacrement religieux, entouré de cérémonies et d'observances sans nombre.

On se tatoúe de blanc, comme en un jour fétiche, de la tête aux pieds. Jadis on devait même travailler absolument nu; le Fétiche de l'or connaissait bien son monde et se méfiait des voleurs. C'était, en réalité, une précaution toute naturelle à l'époque, probablement peu éloignée de nous, où le travail était exécuté par la main-d'œuvre servile et où le produit était mis en commun. Aujourd'hui, le progrès des mœurs aidant, on tolère un léger pagne, couvrant juste l'indispensable.

Le travailleur, attaquant une place encore inexplorée, offre en sacrifice un peu de gin, quelques bananes bouillies, une poule blanche et quelques jours après un cabri. S'il négligeait ce cérémonial, il sortirait de la roche d'abord une épaisse fumée, puis un gros chien qui s'enfuirait en emportant presque tout l'or, le reste s'évanouissant avec les pierres précieuses que la terre peut renfermer. Telle est la légende profondément enracinée dans l'esprit des Indigènes, et qu'un homme instruit comme Fyne et un demi-civilisé comme l'interprète Esseens n'hésitent pas à accepter comme véridique. Puis le travailleur adresse une invocation au Fétiche et donne les premiers coups de pioche.

Tout ce cérémonial ne serait pas nuisible si le travail, une fois commencé, se suivait sans interruptions.

Il s'en faut, hélas! qu'il en soit ainsi :

Défense de travailler plus de deux jours de suite; on se repose deux jours; nouvelle journée de travail suivie d'une nouvelle journée de repos; puis la série reprend. Si bien que sur une semaine on compte quatre journées de travail, et encore à la condition qu'il ne se trouve pas dans l'intervalle de fête spéciale. Ce système de travail intermittent s'explique quand on passe en revue les observances sans nombre auxquelles est soumis le chercheur d'or.

Défense de travailler si ce dernier a, la veille, mangé du cabri, du bœuf de brousse, de petites graines de palme, du poulet, des œufs, du coq de bruyère, de la bécassine; défense encore si, la nuit précédente, le travailleur a eu des rapports avec sa femme ; défense de fumer autour du puits de recherche : comment s'étonner dès lors que Jean Nicot n'ait pas découvert le Klondyke ?

Je me dégageai personnellement de ces observances, moyennant deux bouteilles de gin et une bouteille de vin. N'Dacho, le chef du village, dont la gourmandise avait aiguisé l'intelligence, fit observer avec sagacité que le « Fétiche » ayant légiféré à une époque où les « blancs » n'étaient pas encore venus dans le pays, ses lois ne pouvaient pas leur être appliquées. Enfin la place est souillée et l'or disparaît si quelque mauvais plaisant, quelque jaloux ou, plus simplement, quelque distrait s'avise de cracher dans le puits. Aussi, quand le travail est terminé, recouvre-t-on l'orifice avec des branches d'arbres sur lesquelles on place un feuillage assez épais. Cette précaution paraît, d'ailleurs, avoir plutôt pour but de dérober aux indiscrets les recherches nouvelles qui pourraient être faites.

Bref, on dirait que ces sauvages se sont ingéniés à trouver des raisons ou des prétextes pour ne pas travailler.

Autre chanson : Fyne est un protestant fervent et pratiquant ; il ne veut pas entendre parler du travail du dimanche. En vain Esseens lui fait-il remarquer

qu'il sanctifie déjà le « Dimanche Bushman » et que
c'est trop de deux dimanches par semaine. Fyne est
entêté : c'est à me faire regretter d'avoir emporté
mon agenda. Il passe le jour saint à psalmodier des
cantiques et des psaumes et à déclamer la Bible. Sa
fille l'accompagne en fausset et si cela ne me con-
vertit pas, — malgré les efforts de Fyne pour
m'expliquer la Révélation et le Mystère de la Tri-
nité — en revanche, cela m'écorche abominablement
les oreilles : Qu'on me rende le tam-tam et sa
crécelle diabolique.

Enfin, le 24 août, entre six et sept heures du
matin, je partis accompagné d'Esseens, de Fyne et
d'un vieil homme n'ayant autour des reins qu'un
lambeau d'étoffe et le corps couvert des tatouages de
circonstance. Le « placer » est à une heure d'Adoquoi
Nord-Est, ou plutôt entourant le village d'un croissant qui va du Nord-Est au Sud-Est. Il est séparé
du village par trois vallées. Au fond de la dernière,
coule une petite rivière qui longe, d'abord, et coupe,
ensuite, le chemin en roulant ses eaux transparentes
sur un lit de cailloux. Les femmes viennent y laver
le sable aurifère. Dès qu'on a franchi ce cours d'eau
on arrive, par une légère pente, à la maison du garde
qui commande les différentes routes d'accès du
gisement. Puis, le chemin devient difficile; il faut se

faufiler entre des puits creusés à droite et à gauche
du sentier et dont quelques-uns ont plus de dix
mètres de profondeur. Sur ce sol toujours humide,
sur cette glaise rouge glis-
sante, on est exposé à des
chutes dangereuses.

Nous arrivons.

LA ROCHE DE QUARTZ

Il est impossible de décrire la majesté sauvage de
ce lieu perdu dans une brousse si épaisse qu'elle
forme une muraille presque impénétrable. Quand on
sort de dessous cette voûte que jamais ne perce un

rayon de soleil, on se trouve dans une étroite clairière, en face d'une masse énorme de quartz, formée
de quatre blocs surperposés mesurant à la base vingt
mètres dé circonférence, et près de cinq mètres de
hauteur, du ras du sol au plateau supérieur.

J'en fais détacher quelques éclats : ils contiennent
de l'or.

Quel parti prendre avec l'outillage rudimentaire et
le peu de main-d'œuvre dont je dispose?

Exploiter le bloc? Qui pulvérisera les roches déta-
chées?

Creuser des assises; n'est-ce pas retomber sur la
même difficulté finale?

Forer des puits à l'entour, aussi loin que nous
ne rencontrerons pas d'autres puits en exploitation?

C'est chanceux; c'est cependant à ce dernier parti
que je m'arrête, au moins provisoirement, et jusqu'à
ce que je me sois assuré de la main-d'œuvre.

Je fais ouvrir immédiatement un puits au pied du
bloc quartzeux. Le vieil homme, après son invocation au fétiche, travaille dur et ferme. Nous ne
tardons pas d'ailleurs à retrouver le quartz en petits
quartiers qui s'enlèvent assez facilement. Le sol est
ici un long plateau quartzeux, recouvert d'une
couche de glaise à laquelle se trouve mélangée une

mince couche de terre végétale. Par moments, la glaise est encastrée entre deux blocs de quartz et prend la forme d'une brique ; il semble qu'il n'y aurait qu'à cuire.

En creusant le sol, on trouve d'abord cette terre argileuse rouge, qui contient quelquefois de l'or, mais en petite quantité, puis, quand on atteint une profondeur moyenne de quatre mètres, mais qui peut aller jusqu'à dix mètres, on rencontre une espèce de sable blanc, à éléments anguleux, qui n'est autre chose que du quartz pulvérisé : c'est le gît de l'or.

Le premier puits terminé, on en fore un second, à trois ou quatre mètres de distance du premier ; on lui donne la même profondeur et on fait communiquer les deux puits par une chambre en sous-sol, juste assez haute pour qu'on puisse y travailler couché sur le dos ou étendu sur le ventre. La terre et le sable rejetés sur les bords du puits sont enlevés par les femmes ou les captives du travailleur. Elles portent ce sable à la rivière voisine et le versent dans de grandes cuves en bois. Elles agitent les cuves ainsi remplies à même l'eau courante par un mouvement de droite à gauche et réciproquement, avec une légère secousse d'avant en arrière et d'arrière en avant.

Les pierres ramenées au bord de la cuve sont écartées, non sans avoir été préalablement examinées. Le résidu qui se trouve au fond de la cuve est versé dans une autre cuve plus petite, en bois ciré, de façon que les parcelles d'or ne puissent ni se cacher ni se perdre dans les rugosités du récipient.

Cette seconde cuvée est soumise au même traitement que la première; mais le résidu, au lieu d'être lavé à plein courant, est lavé par l'eau qu'on fait passer de la grande cuve dans la seconde. On achève l'opération en jetant un peu d'eau avec la main. S'il y a de l'or, il apparaît, tantôt en pépites, tantôt en poudre.

Cet or est versé dans une sébille de forme presque conique ou plutôt parabolique, ce qui permet de rassembler au fond le métal. Sur les bords de cette sébille, on dispose une petite claie sur laquelle on place quelques charbons de bois et on souffle légèrement de façon à sécher l'or et à faire disparaître les dernières traces terreuses.

On conçoit aisément combien ce travail est long, combien il risque d'être peu rénumérateur et quelle quantité d'or doit échapper aux recherches, notamment dans les gros blocs de quartz qu'on abandonne parce qu'il serait trop pénible de les pulvériser. On ne les broie que s'il y a trace aurifère bien évidente.

LE LAVAGE DE L'OR

L'outillage se compose de pics pour briser et forer le quartz, de houes pour ramener la terre et le sable dans les vannes en bois à l'aide desquelles on les porte au lavage.

Au bout de quelques heures de travail, je donnai le signal du retour, bien résolu à me procurer, à défaut de manœuvres indigènes, des ouvriers étrangers, dussé-je aller jusqu'à Grand-Bassam pour les recruter.

Après avoir repassé devant la maison du garde et avoir croisé les routes d'Oumbrenou et de Nyan, je trouvais au retour des nouvelles de Correa, dont, à vrai dire, je commençais à être inquiet. Il y avait temps, du reste, car je comptais juste un mois depuis son départ.

Il était à Denguéra (ou Tengra) le deuxième village depuis Alépée; il m'envoyait une caisse de journaux et réclamait des porteurs pour les cinq caisses qu'il avait encore avec lui.

Alors je compris l'émotion que l'ouverture d'un courrier doit causer aux grands voyageurs, à ceux dont l'absence dure des années.

Il y avait à peine quatre mois que j'étais privé de nouvelles et je me précipitai sur les journaux que je venais de recevoir : *Liberté* et *Journal Officiel de la Colonie.* Je les dévorais ardemment et plutôt deux fois

qu'une, jusqu'au 23 juillet (et même jusqu'au
15 août pour l'*Officiel*).

Elections du 8 mai : Guerre hispano-américaine ;
Mort de Gladstone et de Bismarck, livres nouveaux,
pièces nouvelles, je voulais tout connaître, tout
savoir. Je ne fis même pas grâce aux annonces :

LA GARDE DU PLACER

j'avais soif de tout ce qui me parlait de la France, de
tout ce qui me rappelait la civilisation.

Il se passa alors un incident des plus comiques. Un
indigène vint me proposer de lui céder, après lecture,
tous mes *latoh* (feuilles de papier) qu'il voulait
mettre dans son « Gold-Book ». Il m'offrait un takou
anglais (60 c.) pour quatre numéros.

Je m'amusai de la proposition que j'acceptai.

Voilà un prix auquel les directeurs de journaux de la Métropole n'ont jamais espéré écouler leur « bouillon ». Je leur signale l'Attié, comme un débouché nouveau, un peu éloigné, difficilement accessible, mais où les prix sont rénumérateurs.

Correa me faisait donc demander des porteurs ; je ne puis les lui envoyer que quelques jours plus tard à cause de la Fête des Ignames. C'est ainsi qu'en pays noir rien ne se fait jamais en temps utile.

Il s'en faut de beaucoup que cette fête ait ici le cachet qu'elle a à Grand-Bassam. C'est un simple tam-tam comme tous les autres, sauf que tous les gens sont plus bariolés de rouge, de brun et de noir et qu'ils sortent leurs oripeaux les plus neufs, ou pour mieux dire, les moins sales. Cependant je note, en passant, un détail qui montre bien la férocité native de ce peuple. On a pris une chèvre et son cabri pour les offrir en sacrifice, mais on a commencé par leur entailler l'arrière-train à coups de machète pour les empêcher de fuir et on les jette tout pantelants près des tambourinaires.

Pendant que le tam-tam tourne en dansant, chaque danseur frappe les malheureuses bêtes d'un nouveau coup de machète et les bambins qui n'ont pas encore de coutelas sont les plus acharnés : ils frappent à coups de bâton et de toutes leurs forces. Cela ne rappelle-t-il pas le bouc chargé des péchés d'Israël ?

Malgré cette férocité écœurante, le tam-tam m'intéressa par un détail plein de caractère. De temps en temps le chef de guerre se sépare de la masse des danseurs et entouré seulement de quelques hommes, il simule la charge contre un ennemi imaginaire. Il est au milieu de ses guerriers qui lui font un rempart de leurs corps. Tout à coup, il tombe, frappé à mort ; les guerriers le soutiennent et font mine d'emporter son corps pour ne pas le laisser aux mains de l'adversaire ; mais à peine ont-ils fait quelques pas qu'il se redresse et brandissant son sabre, pousse le cri de guerre ; moralité : un vrai brave ne meurt jamais. Cette petite scène est mimée avec beaucoup de finesse et toutes les nuances, dans la furie de l'attaque, dans la stupeur et l'émoi causés par la mort du chef, dans l'enthousiasme que sa résurrection provoque chez les combattants, sont bien obervées. N'est-ce pas ainsi que naquit le théâtre, en Grèce, avant Eschyle, que naquirent, en France, les Mystères ?

A Grand-Bassam, la fête des Ignames rappelle un peu et de loin les Saturnales antiques. Le menu peuple, les jeunes gens, tatoués et le front ceint de feuillages, chantent, en une vieille langue, des invocations et

s'adressant aux chefs, aux hommes importants assis
devant eux, leur disent leurs quatre vérités. Il paraît
que ces personnages de marque, chefs, porte-cannes,
gros traitants, en entendent de dures : vols, tromperies,
soupçons de meurtre, on ne leur épargne rien et il y
en a, dans le nombre, qui font des grimaces significa-
tives. Le piquant de la fête est que les « gros mes-
sieurs » ainsi malmenés sont tenus de payer à boire à
ces pamphlétaires de la rue.

C'est seulement le 3 septembre, six semaines
après son départ, que Correa me rejoignit. Il avait
suivi au retour la même route qu'à l'aller. Il avait
été, disait-il, retenu à Bassam par le défaut de vapeurs,
tous ceux du commerce transportant à Dabou des tirailleurs sénégalais pour châtier les « Boubourys »
qui avaient assassiné M. Le Voas, mécanicien du *Diamant* et un autre Européen dont je n'appris le nom
que plus tard. Mais la principale cause du retard de
Correa était, comme on me l'écrivit ensuite, que
mon sénégalais, n'étant pas marabout, s'était oublié
dans les délices de Grand-Bassam. Bref, il n'avait pas
désaoulé. A son arrivée à Alépée, il eut toutes les peines
du monde à gagner Memmeni. Là, il trouva un mis-
sionnaire, le R. P. Maired, directeur de l'Ecole, qui
lui fournit les moyens de se procurer des porteurs de
Memmeni à Denguéra. Dans ce dernier village, la

crainte qu’ont les Naiddins d’être faits prisonniers par leurs frères ennemis les Boddets, l’empêcha de trouver d’autres porteurs. C’était donc de Denguéra que quinze jours avant son arrivée il m’avait envoyé un express avec les journaux. Lui-même m’apportait mon courrier d’avril à juillet, contenant des nouvelles satisfaisantes. Il n’en était pas de même de mes campagnes Sierra-Léonais. La terrible « guerre des huttes » avait chez eux fait des victimes et même parmi leurs parents.

De plus, Correa par un malentendu inexplicable, ne m’apportait qu’une partie des provisions attendues.

Toutefois six demi-bouteilles de Champagne envoyées par M. Pijotat, superintendant du câble, furent l’objet d’une brillante et solennelle réception.

Mais il m’apprenait — ce que confirmaient des lettres d’amis — que le bruit de ma mort avait si sérieusement couru à Grand-Bassam que quand il se présenta de ma part, on refusa d’abord de le croire. On racontait que, pris par les Attiés dans une embuscade, j’avais été abandonné par mes gens, attaché à un arbre et tué à coups de bâton. Le tableau était complet : il ne lui manquait que d’être exact.

Toutefois, n’était l’émoi que cette fausse nouvelle aurait jeté chez mes amis, je regrettai presque qu’elle ne fût point parvenue en Europe : j’aurais

été curieux de lire ma nécrologie et de voir, combien de haines, à Paris, désarment devant la mort.
Le retour de Correa amena un incident qui montre
à quel point les Indigènes redoutent l'intervention
des Européens et quel parti on pourrait tirer de
cette disposition d'esprit. Il m'avait rapporté un
grand pavillon, beaucoup plus grand que mon gui-
don et comme il aime à hisser les couleurs, il l'a-
vait immédiatement fait flotter au-dessus de la
maison que j'habitais. Du coup, le peuple se réu-
nit, on vint me prier de me rendre au palabre
où on me demanda de faire « fétiche » pour prouver
que le grand « flenga » (de flagg, anglais) n'annonçait pas l'arrivée de soldats français. J'eus beau leur
dire que, grand ou petit, le pavillon français n'a jamais eu qu'une signification. Les gens ne voulaient
rien entendre : ce grand « flenga » ne leur disait rien
qui vaille. Je me levai alors et leur dit qu'Esseens
connaissait leurs coutumes et que je le laissai libre
d'agir ; mais il était bien entendu que je refusais de
payer quoique ce fût pour un « fétiche » aussi ridicule.

Esseens fit donc fétiche et le grand pavillon continua
de flotter. Mais il n'est pas certain que les gens aient
été tout à fait rassurés. N'Diamon me demanda
alors le petit pavillon pour le faire flotter devant sa

maison, je le lui donnai avec le certificat suivant :

« Ce jourd'hui, quatre septembre 1898, sur la demande de N'Dacho, chef d'Adoquoi, j'ai remis entre les mains de N'Diamon, roi du pays, un pavillon français qu'ils ont promis de respecter et de défendre. Ils ont promis au nom de leur peuple de bien accueillir les Français qui viendraient dans le pays. En foi de quoi je leur ai délivré la présente attestation. »

Esseens et Fyne signèrent comme témoins. La nécessité de répondre d'urgence à quelques lettres du courrier que je venais de recevoir, aussi bien que l'insuffisance des provisions qu'on m'avaient apportées, m'obligèrent à renvoyer Kourbaly à Grand-Bassam. Esseens le conduisit jusqu'à Apiagui et là, bien qu'il m'eût raconté l'avoir embarqué avec deux boys, il l'abandonna à son malheureux sort. Kourbaly dut descendre par terre jusqu'à Yacassé Rivière pour pouvoir s'embarquer. Il m'avait quitté le 8 septembre, promettant de faire diligence.

Tanoh, qui avait été frappé de l'insuffisance des vivres rapportés par Correa, m'avait spontanément offert de conduire Kourbaly jusqu'à la Rivière Mé ; c'était même lui qui m'avait suggéré l'idée de l'envoi d'un second messager.

Mis en demeure de s'exécuter, Tanoh prétexta que son « fétiche » lui défendait de partir. On devine aisément de quelle façon j'accueillis cette excuse derrière laquelle se cachait la peur que je travaillasse sans lui. Il en fit presque l'aveu. Devant mes reproches, et redoutant un châtiment corporel, il prit la fuite jusqu'à Diasson. J'appris qu'il avait voulu en revenir, mais qu'on l'y retenait prisonnier par suite d'une nouvelle intrigue féminine. A soixante ans passés, trois « histoires de femmes » en deux mois : il allait bien Mons. Tanoh !

Après une tentative de réconciliation vers la fin d'octobre, tentative que je repoussai, il disparut définitivement, évitant les villages par lesquels je devais passer. [1]

Quant à Kourbaly, livré à lui-même, comme je l'ai dit, il s'était « débrouillé » (*moi débrouillé !*) et avait gagné Grand-Bassam. Grâce au concours de M. Richard, le sympathique trésorier colonial et de l'aimable Mme Richard, la providence des Européens malades ou malheureux, il put remplir sa mission. Son retour fut marqué de divers incidents. Le vapeur sur lequel il revenait dut, par suite d'une avarie, s'arrêter à Impérié, débarcadère de Bonoua. Un autre vapeur vint chercher les passagers et les marchandises. D'Alépée on ne le convoya que jusqu'à Memmeni. Dans cette dernière

---

1. Il revint plus tard à Grand-Bassam où il fut emprisonné. Mais il me fut impossible d'obtenir justice.

LE FORT DE DABOU (vue extérieure)

localité, le R. P. Maired, pratiquant toujours cette so-
lidarité européenne, si précieuse dans la brousse, lui
fournit, comme il l'avait fait pour Correa, des porteurs jusqu'à Denguera.

Là, les funérailles d'un habitant du village le retinrent cinq jours et, comme il se heurtait à la mauvaise
volonté du chef, qui, même contre paiement, ne voulait pas le faire convoyer, il tira en l'air deux coups
de revolver, me rapportant les douilles des cartouches, comme cela se fait au régiment. La démonstration produisit un effet utile, mais arrivé à Kodiosoh [1]
(le Kodiesah de M. d'Espagnat et de la carte Spicq),
on lui signifia qu'on ne voulait pas de « Blancs » dans
le pays et qu'on ne l'aiderait pas. Par allées et venues
il transporta ses deux caisses jusqu'au petit Akoudjé.

Ignorant tous ces détails j'avais calculé son retour
comme devant s'effectuer entre le 20 et le 30 septembre. Le 15 octobre, ne le voyant pas encore venir

1. D'une façon générale il est assez difficile de fixer la prononciation exacte de ces noms indigènes. Ainsi pour Djeudji, M. d'Espagnat a orthographié 'N'Zoghi évidemment parce qu'il a entendu
ainsi : pour *Denguera*, je crois que la prononciation se rapproche
plus tôt de *Tengra* mais j'ai adopté l'orthographe de la carte ; pour
Kodiosoh je suis obligé de maintenir ma transcription et en voici
la raison : *soh*, dans les dialectes *acqua* et *naiddin*, veut dire « lieu,
village, peuple », Noomboosoh, village de Noomboh, Yaposoh village d'Yapo, de même Kodiosoh, village de Kodio.

Dans le dialecte Boddet « *soh* » est remplacé par « *quoi* ». Asséquoi, village d'Assé, Maubioquoi, village de Maubio, etc.

mais apprenant par des voyageurs indigènes qu'il avait quitté Denguéra, — ce qui prouvait qu'il avait passé par Alépée — j'envoyai Fyne et Esseens à sa rencontre. Ils le trouvèrent à Apiagui et me le ramenèrent avec une des caisses de conserves, l'autre rejoignit le surlendemain.

Dans le courrier qu'il me remit, j'appris le départ

INTÉRIEUR DU FORT DE DABOU

de M. le Gouverneur Mouttet, nommé à la Guyane; la mort de M. Franck, directeur de la *Liberté* qui, à une des heures les plus sombres de ma vie, m'avait cordialement et efficacement tendu la main ; la mort enfin de mon pauvre camarade Eudes, employé de la maison Swanzy pour la coupe de l'acajou qu'il avait antérieurement pratiquée au Honduras, un bon garçon, intelligent et courageux, vrai Parisien égaré dans la brousse, assassiné en même temps que Le Voas dont j'ai parlé plus haut, à Pendah, près de Toupa, par les Boubourys.

Ces bandits avaient autrefois massacré un agent de culture du Gouvernement et s'étaient tirés d'affaire avec une amende relativement médiocre. Ils avaient trouvé que c'était pour rien et, depuis, pour s'entretenir la main, ils avaient incendié les factoreries de Dabou. Malgré les vives réclamations de M. Charles Joseph, alors agent général de la Compagnie française de Kong et de M. Sthal, administrateur de Dabou qui signalaient la nécessité de détruire ce repaire de bandits, on n'avait point réprimé ce second attentat : conséquence, l'assassinat lamentable d'Eudes et de Le Voas, descendus du « Diamant » pour visiter le pays.

Alors seulement on s'était décidé à sévir : on avait envoyé une Compagnie de tirailleurs sénégalais ; on avait brûlé des villages, les « Boubourys » demandaient la paix. Allait-on encore se laisser prendre encore à leurs protestations, au lieu d'en finir une fois pour toutes. [1]

1. Les Boubourgs livrèrent les soi-disant auteurs de l'attentat au nombre de dix qui furent livrés aux Jack-Jack et décapités ; mais des gens bien informés prétendent que les otages ainsi remis n'étaient que des captifs dont la vie leur importait peu.

Ils restituèrent aussi les restes d'Eudes et de Le Vos ; on reconnût

LES MILICIENS A L'EXERCICE

Parfois je me prends à me demander s'il ne vaudrait pas mieux appliquer à ces populations barbares, la politique de fer par laquelle les Américains ont eu raison des Peaux-Rouges et ont conquis le Far-West. Sans doute quelques journalistes parisiens crieronnt à la cruauté. Il faudra leur laisser épuiser leur vocabulaire : on ne fait pas de pénétration coloniale par la sensiblerie. Toutefois, sans aller jusqu'à la méthode Américaine, pourquoi ne pas prendre exemple sur les Anglais? Jamais ceux-ci ne laissent impunie, même une simple vexation exercée contre un de leurs nationaux, par une peuplade indigène et si la réparation se fait attendre, ils ne reculent pas devans les représailles.

Chez nous, au contraire, tout au moins à la Côte d'Ivoire — car j'imagine que ce ne doit pas être la méthode d'un Gallieni pas plus que ce ne dut être celle des Bugeaud et des Faidherbe — à la Côte d'Ivoire, l'Administration tremble devant l'Indigène ; dans les conflits qu'ils ont avec ce dernier, les Européens sont à peu près sûrs d'être sacrifiés : on dirait que l'Administration s'est donné comme tâche de décou-

la tête d'Eudes à une dent aurifiée dont on connaissait l'existence et le 20 mars 1899 on fit, à ces quelques ossements, des funérailles solennelles au pied du fort de Dabou. Il sera permis de trouver la réparation insuffisante.

rager et de dégoûter l'Européen qui vient coloniser ici.

Et cependant cet emploi de la force est une des nécessités auxquelles se trouve astreinte toute nation qui a des colonies.

Quand deux états sociaux aussi différents l'un de de l'autre que la culture européenne et la barbarie Africaine se trouvent en présence, quand les degrés de développement intellectuel et moral sont distants l'un de l'autre au point de sembler n'avoir pas de commune mesure, il est inévitable que la force seule tranche les conflits.

Et si les Barbares, par quelques leçons salutaires, ont acquis la conviction que, le cas échéant, le châtiment suit sans tarder la faute, ils deviendront d'autant plus circonspects à fournir des motifs de répression.

Pour le sauvage toute générosité est faiblesse : il ne dit pas que vous l'épargnez ; il dit que vous le redoutez.

Ni violences inutiles, l'humanité les condamne : ni faiblesses coupables; elles coûtent en fin de compte plus de vies humaines encore que les violences inutiles.

C'est encore par ce courrier du 15 octobre que j'appris la revision du procès du Capitaine Dreyfus, résultat prévu pour moi depuis les incidents du procès Zola.

Enfin dans ce même courrier je trouvai l'annonce d'un héritage ou plutôt d'un reliquat d'héritage : 65 francs qu'il n'avait pas fallu moins de quinze ans pour réaliser. Les sourires que m'adresse la Fortune sont décidément plutôt ironiques et ressemblent à des grimaces !

Une des raisons qui m'avaient fait envoyer Kourbaly à Grand-Bassam, était la nécessité de me munir de vivres pour le retour. Je songeais comme je l'ai dit à regagner le chef-lieu de la colonie pour y recruter des travailleurs et me munir d'explosifs.

J'avais en effet renoncé absolument à compter sur le concours des Indigènes qui n'avaient tenu aucune de leurs promesses. Leur inaction provenait d'abord du dessein de me lasser et de me fatiguer pour m'amener à renoncer de moi-même à l'entreprise. Yapi, le roi de l'or, avait dit, paraît-il, qu'il valait mieux ne pas me refuser le terrain, mais qu'on devrait ensuite me laisser me morfondre et me décourager pour empêcher d'autres Européens de m'imiter.

Voilà pourquoi on m'avait choisi la place la plus difficile à travailler et on m'avait ensuite me laisser me débattre dans le vide. Yapi aurait même menacé de réduire en esclavage quiconque m'aiderait, ce qui n'avait pas peu contribué à faire le vide autour de moi. Le calcul était machiavélique ; mais avec mon caractère obstiné, qui m'a été aussi utile que fatal, il n'avait guère chance de réussir que si, à bref délai, je ne trouvais pas les appuis nécessaires. Et encore, mauvaise volonté, terreur causée par les menaces d'Yapi, j'aurais eu raison de tout cela avec des cadeaux ! Mais il y avait un élément de résistance contre lequel je ne pouvais rien : la superstition.

Pendant mon séjour à Diapé, j'appris qu'à Adoquoi même quatre hommes, en train de creuser un puits d'or, avaient péri sous un éboulement — chose plus rare qu'on pourrait le croire, vu l'absence de boisements dans les puits. Cette catastrophe avait jeté, dans le pays, une véritable consternation et on n'avait pas manqué d'attribuer le sinistre à une colère du fétiche. Le travail de l'or s'était trouvé suspendu du coup.

Aussi, en présence du bloc de quartz qu'il s'agissait de faire tomber, le vieil homme et un compagnon que lui avait adjoint N'Dacho ne purent surmonter leurs répugnances et ne tardèrent pas à renoncer à leur besogne.

D'autre part, j'avais engagé une femme pour laver l'or, car il ne sert évidemment de rien d'extraire des mètres cubes de terre et de sable si on ne les passe pas à la cuve. J'avais même fait cadeau à cette femme d'un peigne, d'une serviette et d'un pot de pommade, à titre d'arrhes, en lui promettant deux pagnes si j'étais content de ses services. Elle travailla pendant quelques jours, d'une façon très irrégulière, puis cessa à son tour. Il fallait donc aussi renoncer au travail manuel, pour les matériaux déjà extraits et me mettre en mesure d'opérer mécaniquement.

J'en étais là de mes réflexions quand survint un incident qui me fit remettre mon départ à quelques jours plus tard.

Vers le 15 septembre, était arrivé à Adoquoi un traitant Apollonien, du nom d'Adondoë, interprète d'Acquah, le commis de la maison Swanzy à Alépée. Esseens me le présenta comme son oncle et me demanda la permission de lui faire voir notre gisement. Je la lui accordai, pensant bien que si je la lui refusai, il aurait toute facilité pour passer outre sans m'avertir. Adondoë· revint en disant que la place était bonne mais qu'il fallait, pour l'exploiter utilelement, une main-d'œuvre plus régulière que celle que le pays pouvait fournir. Ces observations ne m'apprenaient rien, mais me prouvaient, avec quelques autres réflexions plus techniques, qu'Adondoë s'entendait à ce genre de travail.

Je lui demandai alors de retourner à Alépée, avec

une lettre pour Acquah, dans laquelle je priai ce dernier de m'envoyer quatre ou cinq ouvriers, du gin et du tabac de traite. Je chargeai, de plus, Adondoë d'une lettre de remercîment pour le R. P. Maired, lettre qui parvint à son adresse, chose commune dans la brousse à condition de trouver le messager, ce qui est le point difficile.

Adondoë revint le 9 octobre, me rapportant cinquante têtes de tabac sur lesquelles il en manquait sept : sur trois caisses de gin, il en avait — soi-disant — laissé une en route et, sur les deux autres, il y avait des manquants. Un Apollonien n'échappe jamais à sa nature et Adondoë, bien qu'il dut prévoir que j'avertirai Acquah de ses infidélités, avait commencé par prélever pour sa course une commission usuraire. Adondoë me remit une lettre d'Acquah qui m'annonçait l'envoi de deux travailleurs indigènes. Mais Adondoë, de complicité, sans doute, avec les chefs d'Adoquoi ou peut-être même avec Esseens, avait laissé les ouvriers en chemin et me donnait chaque jour de nouvelles raisons pour expliquer leur retard. Après avoir attendu quelques jours ces ouvriers, je revins à mon projet primitif de recruter moi-même mes ouvriers et de ne m'en remettre à aucun noir du soin d'organiser ma main-d'œuvre. Je résolus d'envoyer en avant une partie de mon bagage, si possible à

Yacassé-Rivière où j'avais laissé ma pirogue. Aïkins me demanda de le ramener à Grand-Bassam; en
échange il se chargeait d'accompagner et de surveiller les porteurs. Il partit le 10 octobre. Au moment du départ, les porteurs déjà largement payés
émirent la prétention de ramener le bagage à Massaji.
C'était me fermer le chemin du prompt retour et m'o-
bliger à reprendre en sens inverse le long et coûteux
itinéraire que j'avais suivi pour atteindre Adoquoi.
J'allai trouver N'Diamon le chef aveugle avec lequel,
la veille, j'avais réglé la question du départ et le priai
de mettre ses gens à la raison. Il était entouré d'un
public nombreux. Pendant que je lui expliquais,
sur un ton assez vif, mes griefs, un des assistants se
se mit à me narguer. Déjà exaspéré, je perdis patience et je secouai d'importance ce mauvais plaisant
par les épaules.

Il se dressa d'un bond et, tirant son coutelas de la
ceinture, voulut se jeter sur moi. Par bonheur, je
n'avais pas mon revolver, car j'eusse certainement
fait feu et non moins certainement j'eusse été égorgé!
Correa et quelques indigènes se précipitèrent sur
l'agresseur que j'attendais de pied ferme et l'entraî-
nèrent au dehors. Pendant ce temps, le tam-tam et
la corne de guerre appelaient aux armes. Les hommes
du village arrivaient avec leurs fusils. Trop tard! mon

adversaire avait eu le temps de se calmer et était revenu me tendre la main. Une bouteille de gin offerte à la ronde scella la réconciliation. Cette scène, qui n'avait eu que la durée d'un éclair, avait été des plus émouvantes.

Bref, Aikins put partir ; seulement, au lieu d'aller à Yacassé-Rivière, comme je l'espérais, les porteurs le laissèrent en détresse à Oupé ; un seul alla jusqu'au Petit Akoudjé, à quelques kilomètres de la rivière. Ayant appris qu'Aikins se promenait avec ma capote et un vieux casque que je lui avais prêté, je crus qu'il m'avait dévalisé. J'envoyai Correa et Kourbaly, alors de retour, à sa recherche avec ordre de l'amarrer et de me l'amener s'ils observaient quelque chose d'insolite. Ils le trouvèrent à Anépé où il put leur montrer les caisses intactes ; il cherchait des porteurs pour gagner le petit Akoudjé. Il avait fait de son mieux et n'avait eu que le tort de ne pas me prévenir.

Pendant les derniers jours que je passai à Adoquoi, tous les habitants refirent leurs toitures en bambous ; c'était « le retour des hirondelles », la fin de l'arrière-saison des pluies.

J'eus aussi, un de ces derniers soirs, une conversation assez intéressante avec N' Dacho. Il se montrait très curieux des choses d'Europe et demandait forces détails. Il croyait qu'il n'y avait en Europe, que deux nations, les « Iglesia » (Anglais) et les « Fraçais » (*sic*). Je l'étonnai beaucoup en lui disant qu'il y en avait un grand nombre d'autres. Il se souvint alors avoir entendu parler des « Alomons » par un Ashanti de passage.

La veille de mon départ, Esseens et Adondoë quittèrent Adoquoi de grand matin, soi-disant pour accompagner Nana la Fanti qui voulait retourner à Grand-Bassam.

Cela me fit encore précipiter les préparatifs. Je ne voulais pas attendre leur retour de façon à leur montrer que leur concours m'était inutile et que j'entendais désormais m'en passer.

J'appris, d'ailleurs, qu'Adondoë n'était venu jusqu'à Adoquoi que pour relancer Esseens qui devait à Acquah une somme assez considérable et l'amener de gré ou de force jusqu'à Alépée pour règler ses comptes.

Au surplus si ces deux personnages avaient envie de me revoir, ils sauraient bien me retrouver en route ou à Grand-Bassam.

C'est ce qui arriva en effet vers le commencement de janvier, époque à laquelle Adondoë vint prendre mes instructions à Bassam.

CHAPITRE V

LE RETOUR

Dans la brousse. Apiagui. Anépé. Le Petit Akoudjé. Medgysoh. Maubioquoi. Dédéquoi. Ahouawy. Yacassé. Au fil de l'eau.

Apiagui. — Le 21 octobre, à sept heures du matin, je donnai le signal du départ. Jusqu'au dernier moment N'Dacho manifesta sa mauvaise volonté. Il ne fallu pas moins de deux heures pour se procurer les porteurs. Nous ne nous serions jamais mis en route sans Yapiachi, fils de N' Dacho qui, mieux disposé que son père, prenait littéralement les hommes à la gorge et finit par tout expédier devant nous. Je ne laissai que quelques menus objets sans importance, en avisant N' Dacho que je comptais bien les trouver à mon retour.

Je l'avais d'ailleurs prévenu la veille que je comptais revenir et que je plaçais sous sa sauvegarde le le terrain et le droit d'exploitation qu'Yapi et lui m'avaient donnés.

D'Adoquoi à Apiagui, la route est facile ; elle eut été excellente, sans une forte averse tombée la nuit précédente. Nous recoupâmes trois fois une petite rivière dont le cours finit par se confondre avec la route. La brousse est très éclaircie et on voit que ce coin est très peuplé et très fréquenté.

Apiagui où j'arrivais, après une marche de trois heures, est au S. E. d'Adoquoi et sur le même plateau. C'est une petite bourgade dont la rue est très étroite et dont les maisons sont accolées les unes aux autres. En cas d'incendie, tout cela flamberait d'un coup, comme un paquet d'allumettes. La population a un air stupide et sauvage qui dépasse toute imagination ; l'apparence n'est pas trompeuse. A un moment donné, je rajuste mon binocle sur mon nez ; à ce geste évidemment plein de menaces, les femmes et les enfants s'enfuient en poussant des cris épouvantables. Les hommes, qui restent à me contempler comme un phénomène — tels les Parisiens au Jardin d'Acclimatation — n'ont pas l'air plus rassuré. Mauvais logement et dans lequel je suis obligé d'éteindre la lumière pour me défendre contre l'indiscrétion des indigènes qui veulent voir comment un « Blanc » se lave, se déshabille et se couche.

Malgré l'absence d'interprète, j'ai pu, tout ce jour, me faire comprendre, grâce au peu d'attié que j'ai fini par apprendre.

Anépé. — Toutefois, Apiagui mérite une bonne note. A chacun suivant ses œuvres. C'est le premier village où, sans difficultés, à l'heure voulue, j'ai trouvé des porteurs. A six heures et demie du matin tout était réglé ; et comme Tanoh n'était plus là pour nous retarder, je partais pour Anépé par S.-O. Yapiachi, après nous avoir encore accompagnés pendant quelques kilomètres, nous quitta définitivement. Lui aussi, comme le féticheur de Bécédé, avait parlé de m'accompagner à Grand-Bassam ; mais, au dernier moment, le courage lui fit défaut et et il m'expliqua qu'il avait peur que les Européens lui coupassent la tête.

La route est longue et pénible. Nous traversons deux rivières dont l'une va vers Massadjé.

L'autre se nomme le *Mensa*. On me dit qu'elle vient d'Yacassé. Toujours est-il qu'elle se jette dans la rivière, Mè bien au-dessous du petit Akoudjé. Elle recoupe six fois la route et les quatre courbes intermédiaires sont rapprochées, au point qu'on ne fait que passer d'une île dans une autre. Elle doit, sur une certaine étendue, être navigable pour de petites pirogues. Elle a un affluent, l'Attia. Le dernier bras franchi, il faut escalader une pente presque perpendiculaire à l'horizontale et la plus escarpée de toutes celles que j'ai gravies pendant ce voyage. Au pied de cette hauteur la rivière coule du N. E. au S. O. dans un lit profondément raviné. Il doit y avoir, à peu de distance, des chutes ou des rapides, car, longtemps avant d'atteindre ses bords, on entend le grondement de l'eau.

Une fois sur la crête de la montagne, je retrouve les fatales épines qui déchirent les pieds. Halte : repas froid, sardines et thé. Puis on traverse et on remonte un marigot boueux, affluent de la rivière.

Fyne et Corréa qui m'ont devancé viennent à ma rencontre avec deux hommes envoyés par Yapi — un autre Yapi — le chef d'Anépé. Ils nettoient le chemin ce qui hâte la marche et avance l'heure de l'arrivée. J'entre dans Anépé à trois heures de l'après-midi, ayant, sauf le temps du repas, marché sans interruption depuis six heures et demie du matin.

Anépé est un grand village, presque aussi important qu'Yacassé, bien construit. La cour d'Yapi, chez qui je suis descendu, est pleine de bétail et plantée en son milieu d'un arbre-fétiche, — sorte d'Acacia superbe.

UN CHEMIN DANS LA MONTAGNE

Je retrouve là Aikins qui a préparé la réception et qui, à un petit larcin près et dont je ne m'apercevrai que plus tard, a gardé fidèlement la partie du bagage que je lui ai confiée.

Le chef Yapi est un homme jeune et qui paraît riche. Je me concilie de suite ses bonnes grâces par le cadeau d'une boîte de sardines, d'une bouteille de gin, d'une pipe neuve. Mais le succès est pour un cigare dont je lui montre l'usage ; stupéfaction et hilarité générale ! les gens crient « Atakin ! Ehia ! Oum brenou Atakin ! » « Oh, la pipe ! Oh ! quelle drôle de pipe pour les « Blancs ».

Yapi était d'abord un peu effrayé ; il avait cependant déjà vu un Européen, puis qu'il se souvenait de M. d'Espagnat dont il me parla. Il connaissait aussi M. Picard, l'agent de la maison Verdier dont il a déjà été question.

Ma « munificence » le rassura tout à fait et il m'apporta des œufs, deux poules, et du vin de palme très frais et délicieux.

La chambre qu'il me donna était malheureusement habitée, et je passai une partie de la nuit à pourchasser et exterminer sans pitié les souris qui pleuvaient du toit sur mon lit.

La pluie n'ayant cessé de tomber, ainsi que cela a lieu aux changements de saison, j'accordai, sans trop de résistance, le repos du dimanche à Fyne. Cela aurait donné à la route que nous devions suivre le temps de sécher s'il n'avait plu aussi le dimanche et encore tout le lundi. Pour un jour où je fus en veine de respect dominical, le Seigneur n'a pas béni ma bonne volonté : je le fis remarquer à Fyne qui en fut très mortifié. Il voulut sur le champ entamer une discussion théologique ; mais j'avais l'esprit ailleurs et je le réduisis au silence en le traitant de « superstitieux bushman ».

Le Petit Akoudjé. — La question des porteurs se régla sans trop de peine et, dès avant sept heures du matin, je quittais Anépé. Je m'explique la facilité relative que j'ai maintenant à recruter les porteurs par ce fait que les populations plus rapprochées de la rivière sont plus habituées à voir des étrangers traverser leur pays. Il en eût été de même, sans doute, à Yacassé et à Bécédé sans les manœuvres de Tanoh.

Kourbaly m'avait prévenu qu'il ne connaissait pas bien la route d'Anépé au Petit Akoudjé. J'avais averti Aikins de la chose en lui recommandant de me laisser un guide indigène. Mais il était parti en avant avec Fyne et ne se souvint de ma recommandation qu'après avoir passé les deux premiers carrefours.

Au premier croisement de routes, Kourbaly voulut aller d'un côté et Correa d'un autre et ils se mirent à s'injurier en Yoloff.

Je coupai court à l'altercation en faisant appel à la boussole et je pris le sentier qui allait au S. O.

Grâce à mon invariable habitude de faire dans chaque localité, et la boussole à la main, le tour d'horizon et en raison de ce fait que les sentiers indigènes sont toujours, en dépit des lacets, orientés à leurs extrémités dans la bonne direction, j'étais certain de ne pas me tromper. Correa, continuant à me tenir des raisonnements auxquels je ne comprenais rien, je le laissai aller de son côté. Il fit un détour considérable, s'égara, rencontra par bonheur un indigène qui le remit dans la bonne route et me rejoignit au bout de deux heures tout crotté et tout déconfit.

A partir du second carrefour, la direction était indiquée par des encoches faites dans les arbres que Fyne tailladait sur son passage. Ce fut une véritable navigation dans la boue. Je recoupai encore cinq fois la rivière Mensa. Le sentier à peine tracé, creusé de fondrières est de plus infesté de fourmis noires piquantes. A ma grande détresse j'en ai trouvé ce jour là plus que dans tout le voyage.

Il y en a tant et tant qu'à un moment donné le chemin en est noir sur plus de trois cents mètres.

Impossible de passer ; Correa et Kourbaly tournent l'ennemi et ouvrent un sentier dans la brousse. En débouchant du fourré, nous tombons sur un énorme serpent qui dort, entouré de sa famille. Il est inutile d'ajouter, je pense, que nous ne troublons pas son sommeil. Nous croisons aussi — ces rencontres sont rares — un homme qui porte dans sa hotte en bambou du gin et du tabac ; il est suivi de sa femme qui porte allègrement sur la tête cinq longs fusils de traite.

J'avance avec peine et rencontre mes porteurs qui ont eu le temps d'arriver à Akoudjé et d'en repartir. Je les hèle, en vain ; j'ai beau m'époumonner à crier « Danvo ! Danvo ! ami ! ami ! ». Ils se sauvent, sans répondre, dans la brousse. Aïkins, à qui je demandai ensuite l'explication du fait, me dit qu'ils avaient eu peur d'être obligés de descendre mon bagage jusqu'à la rivière ; ce qui les aurait brouillés avec les gens du Petit Akoudjé, privés du bénéfice du portage. Voilà la raison pour laquelle j'ai dû aller de village en village, sans réussir jamais à brûler une seule étape ! On se repasse l'étranger de main en main comme une proie sur laquelle chacun a droit à sa part de butin.

Nous traversons une large et majestueuse clairière débroussée à main d'homme. C'est, paraît-il, la place publique, sorte de « Champ de Mai » fédéral où les peuplades de cette région viennent discuter leurs intérêts et vider leurs différents. Enfin j'arrive au Petit Akoudjé vers quatre heures du soir, harassé et trempé jusqu'aux os. Il n'y a cependant guère plus de 20 à 22 k. entre Anépé et le Petit Akoudjé ; mais, en raison de l'état détestable de la route, j'ai mis plus de huit heures à les parcourir.

Je m'arrêtai chez un vieux chef nommé Inchocho dont les cases sont à un quart d'heure du grand village. Ce vieillard applique, sans le connaître, le vers d'Horace : Il a horreur du populaire et s'en tient écarté.

Une poule, du vin de palme, une bouteille de gin que j'ajoutai à cette offrande du seigneur d'Akoudjé me remirent d'aplomb. Mais ce qui contribuait plus que tout à me réconforter était la certitude de n'avoir plus entre la rivière et nous qu'une étape, une toute petite étape. Je me croyais, bien à tort, hélas! au bout de mes tribulations ; je me voyais déjà redescendant le cours de la rivière Mè, assis dans ma grande pirogue et je me préoccupai des moyens de l'envoyer chercher à Yacassé Rivière. J'entrevoyais même, sans regret, la perspective de palabres et de cadeaux que cela devait m'occasionner. On le verra bientôt, j'étais loin de compte.

Ici l'extraction de l'or n'est plus l'industrie principale. C'est la coupe de l'acajou pratiquée par les
Apolloniens et la pêche pratiquée par les indigènes.

De quelques mots échappés à l'un de mes interlo-
cuteurs, il résulte que ces deux industries sont, dans
la pratique, soumises à autant d'observances fétichis-
tes que l'extraction de l'or.

C'est ainsi que lorsqu'on veut faire descendre des
billes d'acajou jusqu'à Grand-Bassam on ne manque
pas d'offrir un sacrifice au Fétiche de la rivière pour
se le rendre favorable et éviter les accidents.

Je m'étais, je l'ai dit, préoccupé dès mon arrivée
de l'embarquement. Le chef m'avait promis trois
hommes qui devaient, avec Kourbaly, aller par terre
jusqu'à Yacassé Rivière chercher ma pirogue et les
pagayes et me ramener le tout par la rivière. Il demandait pour cela huit takous (cinq francs ou plus
exactement 4 fr. 80). Mais pour n'en pas perdre l'habitude et me prouver que tous les Attiés se ressemblent, qu'ils habitent les bords de la rivière ou les
montagnes de l'intérieur, le lendemain matin personne ne partait. On alléguait que le courant était
trop fort, que la rivière inondait les rives au point
qu'il était impossible de trouver le chenal de navigation et qu'on risquait de chavirer contre quelque
arbre caché sous les eaux. Correa, qui était descendu

le matin jusqu'à la rivière me confirma en partie le fait. J'enrageais, car à mesure que je me rapprochais du but j'avais plus hâte de l'atteindre. Mais force me fut bien d'attendre.

Dans l'intervalle, je reçus les doléances des habitants ; ils se plaignaient que l'acajou si abondant dans ce pays ne fut pas exploité par les « blancs » ; qu'il ne fût coupé que par les Apolloniens et encore ceux-ci préféraient-ils se rendre à Yacassé. Je leur répondis que s'ils voulaient voir les Européens venir dans leur pays, il fallait rompre avec leurs habitudes inhospitalières ; car venir, pour avoir chaque jour de nouveaux palabres au sujet d'une poule ou d'un cabri, les Européens ne le feront pas.

Je m'expliquai d'ailleurs très bien la cause de leur mécontentement et l'habitude qu'ont prise les Apolloniens de se rendre de préférence à Yacassé.

Yacassé, Agrou et le Grand Akoudjé forment la route la plus facile pour gagner le Baoulé, par les vallées intérieurs bien moins escarpées que la voie Anépé-Adoquoi-Massaji et Quetteh qui aboutit aussi au Baoulé. Mais alors on longe la crête de la chaîne qui suit la rivière Mè, c'est-à-dire la route la plus accidentée.

Fyne me fit observer avec raison qu'il y avait peut-être un autre motif qui empêchait les Apolloniens de s'engager dans la partie montagneuse de l'Attié : les mœurs pillardes des habitants. Nous-mêmes, malgré la crainte que leur inspire l'Européen, nous avons eu toutes les peines du monde à nous en défendre et nous n'avons pas échappé à quelques exactions. Correa, qui a voulu faire du commerce et qui avait rapporté de Bassam une petite pacotille, en fut pour ses frais et dût quitter Adoquoi sans être complètement payé de ses débiteurs.

Que serait-ce pour l'Apollonien isolé et désarmé ? Jamais il n'arriverait à faire rentrer ses crédits. Aussi préfère-t-il s'en tenir à quelques marchés centraux tels qu'Yacassé et le Grand Akoudjé où les chefs sont plus ou moins ses associés et par conséquent ses défenseurs.

Je recueille quelques renseignements géographiques qui me permettent de contrôler et de préciser les indications qu'Yapo m'avait fournies à Diapè. Mazan est à mi-chemin entre Lobouin et la rivière Mè. Médgysoh est le point d'attache de cette route à la voie fluviale : c'est le port du Petit-Akoudjé. En face de Medgysoh et un peu au Sud-Est, sur la rive gauche se trouve Kodiosoh (le Kodiesa de la carte Spick), point d'attache de la route d'Alépée. Cette dernière localité est juste au sud du Petit-Akoudjé.

Enfin la rivière Mè, après Diasson, se perd dans

les terres et se transforme en un marigot absolument impraticable à toute navigation. Le point où la rivière disparaît ainsi et devient probablement souterraine, situé au N.-E. d'Apiagui et par conséquent au N.-N.-E. du Petit-Akoudjé, se nomme Mè, comme la rivière elle-même.

Les tergiversations des gens se prolongeaient. Je pris, le 27 octobre, la détermination d'essayer de me passer d'eux et d'envoyer Correa et Kourbaly jusqu'à Yacassé-Rivière pour en ramener ma pirogue. Kourbaly, toujours observateur fidèle d'une stricte discipline, avait répondu simplement : « C'est bien ! moi aller ! » mais j'eus quelque peine à décider Correa à partir. Il feignit d'abord de ne pas comprendre pour essayer de discuter. Quelques mots brefs mais énergiques le firent rentrer dans le rang et il s'exécuta sans trop de mauvaise grâce. Mes deux lascars revinrent le lendemain et me déclarèrent que les routes étaient en si mauvais état qu'il leur avait été impossible de passer outre. De plus ils avaient essayé de négocier avec les habitants de Médgysoh pour me faire convoyer en pirogue indigène ; mais les habitants avaient répondu que je n'avais qu'à venir et qu'ils traiteraient avec moi pour me conduire jusqu'à Yacassé Rivière. Je crus d'abord à une « carotte » qui eût été doublée d'un acte d'indiscipline. Kourbaly affirmait cependant qu'il avait eu de l'eau jusqu'à la bouche, et d'ailleurs des indigènes, partis en même temps qu'eux, revinrent également sur leurs pas. La vérité était que la rivière débordée inondait au loin le pays et rendait toute circulation et toute navigation impossible. Une fois par hasard les Attiés n'avaient pas menti. Seulement au lieu de dire la vérité en gens civilisés qui auraient dit : « Vous ne nous croyez pas, allez y voir ! » ils avaient obéi à leurs habitudes et cherché des faux-fuyants.

Le chef, voyant alors que j'étais d'ailleurs résolu à me passer de ses services, prit peur et vint me prier de ne pas le rendre responsable de la mauvaise volonté de ses gens. Il paraphrasa naïvement le mot fameux : « Je suis leur chef, donc je leur obéis ». J'avais eu de trop fréquentes occasions de constater qu'il disait vrai pour lui et la plupart de ses collègues.

Cette prolongation forcée de séjour me permit d'assister à la préparation de l'huile de palme. Je décris l'opération, car si le produit est très connu, le procédé indigène l'est moins. Il serait intéressant de pouvoir préparer industriellement sur place un produit jadis si rénumérateur et dont la valeur marchande, après avoir longtemps baissé, a subi une hausse nouvelle. Peu de temps après mon arrivée dans la colonie, M. Chicon[1] qui dirigeait alors avec beaucoup d'intelligence et d'activité le service des travaux publics, m'avait signalé la possibilité de créer une grande plantation de palmiers dont l'huile serait extraite industriellement.

Donc, la noix de la palme une fois cueillie sur une sorte de cabosse, est enterrée jusqu'à ce que la pulpe soit molle comme si elle avait été bouillie. Au bout d'un mois environ on déterre les noix et on les pile, comme on pile le « foutou », à l'aide des mêmes pilons en bois, pour séparer la pulpe des graines ; par la cuisson dans l'eau bouillante en très petite quantité, en remuant toujours jusqu'à ce que l'huile commence à se séparer ; puis, par torsion, dans un filet on exprime l'huile et on la sépare définitivement de la pulpe[2].

Mais pour l'huile de ménage on fait d'abord cuire la noix ; la cuisson terminée, on laisse la fermentation intérieure agir pendant deux ou trois jours en tenant dans une chambre close les noix enfermées d'ailleurs dans des paniers. On pile ensuite les noix et on les réduit en pâte qu'on laisse reposer un jour. On fait bouillir cette pâte. Après quelques minutes d'ébullition, l'eau chante ; on y plonge alors un mor-

1. Mort en mai 1899 lors de l'épidémie de fièvre pernicieuse.
2. Voir Nicholls et Raoul : *Petit traité d'agriculture tropicale.*

ceau de bois carbonisé qui précipite les parties solides, comme le troupier en campagne précipite le marc de café. On retire la pâte du feu, on la lave à grande eau et l'huile vient à la surface d'où on la

LA PRÉPARATION DU FOUTOU

recueille avec un petit récipient en terre.

C'est à Akoudjé aussi que je vis pour la première fois un singulier instrument de musique entre les mains d'un Jack-Jack, du nom d'Attabrah, venu ici pour couper l'acajou. Imaginez une petite planchette taillée dans la forme de ces menus à mains, que l'on donne dans les restaurants à « prix fixe ». Sur cette planchette sont fixées sept morceaux de baleine, de longueurs inégales, de façon à produire des sons de hauteurs différentes. On frotte rapidement l'instrument avec l'extrémité des doigts et on arrive à en tirer des sons assez harmonieux. J'essaie, mais comme l'adresse n'est pas mon fait, je n'obtiens, à la grande joie du Jack-Jack, que des sons diffus. Pour me faire à la fois honte et honneur il joue un air de danse fanti dont Aikins esquisse le pas : rare moment de gaîté dans ce laborieux voyage !

Le dimanche, 30 octobre, on m'annonça que le courant permettait la descente. Correa et Kourbaly se préparaient à repartir quand le chef me fit dire que le lendemain matin il mettrait à ma disposition ses femmes et ses boys et que je voulusse bien attendre jusque-là.

A ce revirement il y avait deux causes : ainsi que tous les dimanches, j'avais fait hisser le pavillon, ce qui avait jeté dans le pays un émoi profond et on avait dit au chef Inchocho que je lui déclarais la guerre parce qu'il ne m'avait pas fourni les hommes qu'il m'avait promis. Juste à ce moment, un étranger de passage apprenait au peuple du Petit Akoudjé que le Commissaire Principal de Grand-Bassam et l'Interprète Principal du Gouvernement étaient à peu de distance se rendant à Malamalasso et à Yacassé de l'Indénié. La nouvelle, comme je l'appris plus tard, était exacte et se rattachait aux mouvements de troupe dans l'Indénié. Le peuple avait évidemment rapproché les deux faits l'un de l'autre et avait conclu en me prêtant les desseins les plus ténébreux. Je me gardais bien de désabuser les gens, voulant profiter, pour hâter le départ, d'une erreur que je n'avais pas fait naître et d'une terreur que je n'avais pas songé à produire.

Medgysoh. — Le 31 octobre, en effet, à huit heures du matin, les porteurs se trouvèrent prêts. Inchocho avait poussé la prévenance jusqu'à me faire préparer le « foutou » du matin et le vin de bambou. Après avoir traversé le petit Akoudjé proprement dit, au milieu d'une affluence de boys et de femmes accourus pour contempler le « Blanc », nous nous dirigeâmes vers le S. O. Sans les pluies des jours précédents, le chemin eût été très pratiquable. Je franchis un petit affluent de la rivière Mé, nommé le Moupèsi. Puis nous nous rapprochons de la rivière. On entrevoit, à travers la brousse éclaircie, la ligne des arbres qui bordent le rivage. Mais en cet endroit il n'y a ni village ni pirogue. Il nous faut encore faire quelques kilomètres pour arriver à Medgysoh, infime bourgade composée de deux ou trois hameaux plus infimes et plus délabrés encore, où les habitants, les animaux et les cases sont d'une saleté absolument repoussante, même pour un voyageur bronzé par six mois de brousse Attié. Il y a 12 à 15 kilomètres du Petit Akoudjé à Medgysoh et un kilomètre à peine de Medgysoh aux bords de la rivière Mè que j'allai saluer avec émotion vers deux heures de l'après-midi.

Malgré son peu d'apparence, Medgysoh a une grande importance dans le système des voies de communication de l'Attié nord et est. En effet, c'est à Medgysoh que se croisent ou plutôt se rejoignent les routes qui du N.-E. viennent d'Akoudjé et d'Anépé et du Nord de Mazan-Lobouin et Diapé, se dirigeant les unes et les autres sur Alepée par Denguéra. La population profite de la situation, comme les hôteliers des Alpes cherchent à exploiter les voyageurs; les Apolloniens se laissent faire, mais je ne suis pas d'humeur à les imiter. Aussi, dès mon arrivée, ai-je maille à partir avec les chefs Atcha et Aissi-Apo. Je leur demandai une pirogue pour me conduire à Yacassé-Rivière. Ils émirent la prétention d'être payés d'avance.

Or je savais fort bien que si j'avais la faiblesse d'y consentir on me conduirait à moitié route, et on me laisserait me débattre avec une population probablement aussi inhospitalière.

Je déclarai que, prêt à payer, je ne le ferai que rendu à destination et que si on m'y forçait j'enver-

LA TOILETTE

rai mes hommes chercher ma pirogue mais que je rendrais le village responsable du retard et des accidents qui pourraient se produire. Je refusais la poule et les bananes qu'on m'apportait et faisant étaler mes pauvres et dernières provisions, je prouvai à ces sauvages que je n'attendais pas après eux pour manger.

L'énergie produit toujours son effet; quelque temps après, les chefs revinrent insister pour que j'acceptasse leur offrande et me promettre une pirogue pour le lendemain.

Maubioquoi. — Le 1er novembre, il ne fallut pas moins de trois heures, de six heures à neuf heures du matin, pour régler le palabre du départ. C'était dur après une nuit passée sous un hangar; car je n'avais pas voulu dormir dans les taudis infects de Medgysoh. Je finis par obtenir que les gens seraient conduits et les bagages portés à une petite station que les Indigènes appellent Maubioquoi (place de Maubio, *quoi* est en dialecte boddet le synonyme de *soh* en dialecte acqua) et qui n'est qu'un campement de coupeur d'acajou. Quant à moi, après une autre discussion d'une autre heure, j'arrivai à m'embarquer avec Aikins dans une grande pirogue montée par trois hommes. La rivière, large au plus de vingt mètres n'en est pas moins dangereuse. Les troncs d'arbres forment des rapides, des chutes et rendent la navigation presque impossible. A un passage plus périlleux je suis obligé de me mettre à l'eau, les pieds sur un tronc qui flotte, et retenu par les mains aux lianes qui courent le long d'un autre tronc qui surplombe horizontalement la rivière. Un éblouissement, un vertige, un faux mouvement, et je suis, sans secours possible, entraîné par le courant. Les hommes ouvrent un passage à coups de machetes. Mais un peu plus loin, un autre tronc barre absolument la rivière qui se précipite en cascade infranchissable. Kourbaly nous ayant aperçu à travers bois — car la route longe la rivière — descend au rivage et nous signale le danger. Me voilà obligé de reprendre la route de terre. Je ne suis heureusement qu'à une demi-heure du hameau que je gagne par un sentier sur une terre rouge d'oxyde de fer. Fyne, que je retrouve, me dit qu'il a recoupé deux rivières qui toutes deux se jettent dans la rivière Mè, à une heure de distance l'un de l'autre et qu'il croit être, la première, le Moupesi, et la seconde, le Mensa. Il y a entre Medgysoh et Maubioquoi au plus dix kilomètres. Maubio, le « chef » de ce tout petit hameau est un sous-traitant de Sey, le grand traitant de Mossouo. C'est un Attié « civilisé » surtout si on le compare aux brutes de Medgysoh. Poules, bananes, œufs, miel, il ne sait que m'apporter pour me satisfaire, et je suis obligé — occasion rare dans ce voyage — de modérer son zèle. Il se met de lui-même à ma disposition pour le lendemain. Sera-ce ma dernière étape avant d'atteindre Yacassé-Rivière ? Je l'espérais et je fus encore une fois déçu.

Un orage terrible qui éclata vers sept heures du soir et dans lequel la foudre tomba deux fois à quelques mètres de nous, détrempa toutes les routes et me fit passer chez Maubio la journée du lendemain. Je fis, dès le matin, un tour à la rivière qui en raison de l'inflexion en aval vers le S. O. n'est éloignée que de deux ou trois cents mètres du hameau. On y accède par une large allée ouverte dans la brousse et sous une voûte monumentale de verdure; la rivière apparaît à travers le brouillard du matin comme un étroit filet d'acier qui serpente sur un fond de forêts lointaines. L'effet est des plus saisissants et Maubio a créé, à coups de sa hache de bucheron, un superbe panorama naturel.

Ici je retrouve les maisons sur pilotis et j'ai couché au premier étage dans une immense soupente qui doit servir de magasin.

Pour me faire honneur, le lendemain de mon arrivée, Maubio revêtit son costume de chasse, c'est-à-dire que, sauf un pagne autour des reins, il était nu comme un ver; il prit son fusil et resta dans la brousse à peine une demi-heure et en revint rapportant un singe qu'il avait tué.

Bien qu'au dire des amateurs la chair de cet animal ressemble à celle du lapin, je n'ai jamais pu me décider à en goûter. Sont-ce mes opinions darwiniennes qui produisent cet effet ? Toujours est-il qu'en mangeant du singe, il me semblerait que je mange mon semblable. O contradiction ! le lendemain matin on m'apporta un foutou de viande exquis, qui ne pouvait être que du singe. On me « posait le lapin de brousse » mais je préférais ne m'informer de rien et rester confiné dans mon ignorance.

On demandera sans doute pourquoi dans les périodes de famine que nous eûmes à traverser je n'eus pas recours à la chasse. La raison en est bien simple : A la Côte d'Ivoire il est presque impossible à l'Européen de chasser ; sauf sur les bords de la mer et dans la brousse très éclaircie qui la longe, où on peut tuer bécassines et pigeons verts ; sauf sur les pêcheries en travers des cours d'eau où on peut abattre des hérons et des aigrettes, tout coup de fusil tiré dans la brousse est un coup de fusil perdu.

Si par hasard on abat du gibier de plumes, on a toutes les chances du monde de ne pas le retrouver et quant au gros gibier de poil, sanglier et biche, il n'y a que l'indigène qui puisse pénétrer dans les fourrés où ces animaux se tapissent.

Les coupeurs d'acajou, par leur métier même, sont obligés d'ouvrir des chemins dans cette brousse ; ces chemins deviennent des sentiers de chasse, et ils sont les seuls qui puissent compter sur leurs fusils pour s'assurer des vivres. Mais celui qui, comme moi ne fait que passer, ne doit rien attendre de la chasse, fût-il Nemrod en personne.

Si le premier soir, je ne mangeai pas « du lapin de brousse » de Maubio, j'acceptai cependant la part qu'il m'offrait pour en faire profiter mes compagnons qui n'avaient pas mes préjugés. Nouvel orage le soir. — Aussi, le 3 novembre, j'obtins de Maubio un homme et une pirogue pour conduire Correa et Kourbaly qui ramèneraient enfin mon embarcation. Mais, une heure après leur départ, arriva un frère du traitant Sey, jeune homme parlant bien l'anglais qui m'annonça que le guide avait abandonné mes hommes en route et que lui-même les avait rencontrés se dirigeant sur Ahouawy.

A peine l'Apollonien nous avait-il quittés que nous eûmes une abondance de visiteurs. Ce fut d'abord une caravane venant d'Alépée qui s'annonça, dès le lointain, par des cris aigus. En l'absence de pirogue pour lui faire traverser la rivière, Maubio abattit un long arbre assez étroit et le jeta en travers du cours d'eau ; les dix ou douze personnes qui composaient la caravane, le chef son fusil sur l'épaule, les hommes la charge de gin sur le dos, et les jeunes femmes avec leur charge de tabac sur la tête, franchirent sans accident et avec une légèreté extraordinaire ce pont à la fois fragile et improvisé. Le spectacle était vraiment pittoresque et je ne regrettai pas le bain de boue que je dus prendre pour gagner le bord de l'eau.

A peine la caravane était-elle installée dans la cour de Maubio qu'il arriva deux personnages sur la visite desquels je ne comptais certes pas : Nana la Fanti et Kobrah, le confident d'Yapi, le chef de l'or dans les Annapé.

Kobrah, petit homme d'environ trente ans, à la figure chafouine, à l'air sournois, comprenant bien l'anglais mais le parlant très mal, me remit une lettre d'Esseens à laquelle je ne compris rien sinon qu'on me réclamait £3 (75 francs).

Des explications de Nana et de Kobrah, il résulta que Yapi, fatigué des réclamations de cette dernière contre Kobrah, l'avait autorisée à me réclamer £3 comme droit de place, pour le gisement d'Adoquoi. Il lui abandonnait à titre d'acompte ce que je consentirais à payer. Le moyen était simple, mais un peu brutal. Je donnai à Kobrah une lettre pour Yapi lui disant que, n'ayant jusqu'ici recueilli que des échantillons et des traités, je ne croyais lui devoir aucun cadeau, d'autant que, ni lui, ni N'Dacho ne m'avaient procuré aucun travailleur, contrairement aux promesses faites et réitérées.

A mon retour de Grand-Bassam, si j'étais satisfait

des résultats obtenus, je lui ferais certainement un cadeau. Jusque là j'interdisais à qui que ce fût et notamment à Esseens et à Adondoë de travailler sur mon « placer ».

Kobrah, bien que six années de séjour dans l'Attié en eussent presque fait un sauvage, comprit très bien mon raisonnement et promit de l'appuyer énergiquement auprès d'Yapi.

Au cours de cette conversation, il me confirma, comme je l'avais pensé, qu'Yapi avait évité de me voir, par peur de se trouver face à face avec un « Blanc ».

« Je ne tuerai pas plus Yapi, lui dis-je, qu'Yapi ne me tuera. Pourquoi n'est-il pas venu me voir ou pourquoi ne m'a-t-il pas assigné un rendez-vous ? Nous nous serions probablement entendus, si nous avions pu nous voir, et à son avantage et au mien. »

Kobrah convint de la chose ; c'est d'ailleurs un homme qui est toujours de votre avis, sauf, bien entendu, à penser exactement le contraire de ce qu'il dit. Il n'est pas né pour l'opposition. Il nous quitta le jour même pour aller coucher dans un village voisin.

Dédéquoi. — Le voyageur propose et les rivières disposent. J'acquis la certitude que mes deux Sénégalais ne pouvaient pas remonter la rivière jusqu'à Maubioquoi. J'avais dès lors avantage à aller à leur rencontre et j'acceptai l'offre de Maubio, homme hospitalier, à la condition qu'on ne mette pas son hospitalité à une trop longue épreuve.

Le 4 novembre, à sept heures du matin, nous quittâmes son campement. Nous montâmes d'abord vers le Nord pour rabattre sur le Sud-Ouest. Chemin de boue, sentier de fourmis ; cinq rivières ou bras de rivière à traverser sans compter les marigots. Les rivières sont plutôt des bras de la rivière Mè auxquels on a donné des noms distincts tels que Mébien (mot à mot : enfant de la rivière Mè). Il y a des ponts, mais quels ponts ! Des branches d'arbres sur lesquelles je passe avec une légèreté qui n'a rien de comparable à celle de Blondin. Enfin, à force de prudence, de main-forte prêtée par Maubio, j'effectue les cinq passages, sans prendre de bain, ce que je considère comme un succès. Et j'arrive vers midi, à Dédéquoi, à l'Ouest de Maubioquoi exactement, et sur la rive même du Mè. Il y a entre les deux stations environ 10 kilomètres.

Ainsi, dès avant Médgysoh, je longe le cours de la rivière, à pied, non humide, mais boueux.

A Dédéquoi, petit campement, je trouve des Apolloniens qui coupent l'acajou pour le compte de la Société Coloniale Française de la Côte de Guinée. L'un d'eux est mon voisin à Grand-Bassam. Le campement a été installé par un Attié nommé Dédé. Il a construit sur pilotis des maisons assez spacieuses qu'il loue aux Apolloniens de passage ; c'est ici que je dois attendre le retour des deux Sénégalais que je ne compte guère revoir avant deux jours. Du reste une pirogue de passage me donne de leurs nouvelles. Ils attendaient que le courant fut moins fort pour le remonter.

La maison que j'habite est plus confortable que celle que m'avait donnée Maubio, où l'eau traversait le toit si bien, qu'avec les orages de chaque nuit, j'étais littéralement inondé dans mon lit. Mais sous les pilotis de ma maison on a relégué une vieille captive malade ; ses gémissements et les consolations d'une camarade qui la veille, ne s'arrêtent pas un instant, si bien qu'il m'est impossible de dormir. Et cependant, après la dernière marche, un peu de sommeil eut été plus que jamais réparateur. Des douleurs de cœur, des difficultés de respiration me prennent ; je ne sais quelle angoisse, quelle crainte de ne revoir ni Grand-Bassam ni la France viennent assaillir mon insomnie. Est-ce que le courage m'abandonnerait ?

Distractions de l'attente : les Apolloniens pêchent un morceau de poisson faisandé, restes d'un animal qu'un autre n'a pu dévorer complètement. On m'offre une portion que je refuse, mais mes compagnons sont moins difficiles que moi. De grand matin je vais faire un tour en forêt. Le soleil commence à poindre, le temps est clair et la journée promet d'être superbe. Cependant sous la feuillée il tombe une véritable averse. C'est la rosée tropicale et cela me rappelle un roman que j'ai lu dans la *Liberté*. Dans la *Coquille de nacre*, l'auteur fait promener ses héros dans une île située entre le Sénégal et la Côte d'Ivoire. Pour se frayer un passage, ces héros mettent le feu à une forêt qui flambe comme une allumette.

Si l'auteur était venu visiter les contrées qu'il décrit « de chic » il n'aurait pas vu de forêt *sur pied* prendre feu. L'humidité est telle que le bois abattu lui-même ne s'allume qu'après plusieurs jours de séchage au grand soleil.

Par cet exemple que j'ai pu saisir sur le vif, je juge du nombre de bourdes que certains romanciers parisiens — ceux qui font du métier — doivent faire avaler à leurs lecteurs.

Le 6 novembre, les Sénégalais revinrent par voie de terre, il leur avait été impossible de faire passer mon embarcation, fait que me confirmèrent des Apolloniens venus en pirogues légères.

Mais Correa et Kourbaly ramenaient un prisonnier : c'était un indigène d'un village voisin qui, entendant Correa insister près du chef pour qu'il lui fît montrer la route de Dédéquoi, n'avait trouvé rien de mieux à faire que de mettre Correa en joue.

Correa n'est pas patient, il est de plus susceptible comme un vrai Sénégalais ; aussi ne digéra-t-il pas l'affront.

Sauter sur l'homme, le désarmer, lui enlever son coutelas et son pagne et l'amarrer ne fut que l'affaire d'un instant. Il m'amenait le prisonnier. Je le fis approcher ; d'abord, peureux et obséquieux, il se rendit compte rapidement qu'il n'avait rien à craindre pour sa vie et son visage prit une expression souriante et toujours un peu déconfite de sa mésaventure.

Après avoir entendu les deux parties, je renvoyai l'homme dans son village en lui disant que je lui rendrai le lendemain ses armes et son pagne s'il me ramenait dix porteurs. Je l'engageai aussi à ne plus mettre à l'avenir les gens en joue, même pour plaisanter comme il prétendait l'avoir fait.

Toujours est-il que me voici obligé de continuer la route par terre. Il y a bien un sentier direct jusqu'à Yacassé-Rivière, mais il est inondé et l'eau ne cesse de monter ! Je vais donc être obligé de traverser de nouveau le Grand Yacassé où Baferi notre ancien hôte a fait à Correa une bonne réception.

Baferi lui confirma le désir qu'il m'avait exprimé déjà de m'accompagner à Grand-Bassam. Je l'y conduirai volontiers bien que je doute qu'il mette son dessein à exécution ; avec les Noirs, il y a toujours loin de la coupe aux lèvres. Le vieux Tanoh était à Yacassé ; mais, à la nouvelle de mon arrivée prochaine, il s'était enfui jusqu'à Bécédé.

Ces fuites successives en disent plus que tous les commentaires que je pourrais faire sur la suite inimaginable de manœuvres louches qu'il pratiquait depuis le départ de Bassam.

Ahouawy. — Le lendemain les Sénégalais partis de grand matin m'envoyèrent du village voisin à douze kilomètres de la rivière au Nord-Ouest le nombre de porteurs nécessaire. Je suivais à peu de distance et traversais tout en maugréant, nombre de petits cours d'eau dont le plus important, le Membée, a un pont fait d'un tronc d'arbre caché sous l'eau et dont l'existence n'est décelée que par la liane qui sert de garde-fou.

D'après les renseignements que je recueillis, le Membée viendrait du côté d'Agrou ; il passe à l'Est d'Ahouawy, venant du Nord-Est. Dans ce dernier village on a capté ses belles eaux transparentes et limpides pour y établir une petite pêcherie qui fait cascade ; il coupe par deux fois du Nord-Est au Sud-Ouest la route d'Ahouawy à Dédéquoi et près de cette dernière localité va se jeter la rivière Mè. C'est vers Abihen que le Membé recoupe la route d'Agrou pour contourner Yacassé et le lecteur se souvient peut-être que son existence et son nom m'avaient été indiqués par Yapo, le géographe de Diapé. Bien que je ne puisse pas en donner de raisons positives, j'ai, à l'inspection seule de la carte sommaire que j'ai pu dresser, le sentiment que le Bobah et le Membée ne doivent même qu'un seul et même cours d'eau.

Après trois heures de marche, j'arrivai chez Dédé chef d'Ahouawy et frère aîné de l'entrepreneur des caves de Dédéquoi. C'est une vieille connaissance, car lors de mon premier séjour à Yacassé, il avait fait le voyage pour venir saluer le « Blanc ». La réception est cordiale et les relations paraissent devoir être bonnes si je ne demeure pas trop longtemps. Période d'abondance après la famine de Dédéquoi.

Ahouawy est un assez grand village dont le nom signifie « *Siège du Gouvernement* ». Qu'est-ce qui lui a valu ce nom pompeux? Malgré tous mes efforts, je ne suis pas parvenu à le savoir.

Je retrouve ici les belles constructions du début de mon voyage. Dédé, d'ailleurs est un homme qui ne recule pas devant les idées nouvelles. Dans la grande cour de sa maison, il a entouré la vérandah d'une clôture, de façon à se défendre contre les indiscrétions des cabris et les gaîtés des jeunes veaux. Car tout ce jeune bétail se livre, d'ordinaire, à des courses effrénées le long de la vérandah et fait des visites intéressées dans l'intérieur des cuisines. Mais ce qu'on gagne en tranquillité on le perd en lumière et en air respirable : tout changement n'est pas un progrès. On a aussi, au-dessous du toit en bambous, placé les traverses d'un plafond. Le plafond lui-même est encore absent; mais l'intention y est et en tout cas cela donne à la construction plus de hauteur de faîte et par conséquent compense le défaut d'aération.

Le 9 novembre — il y avait juste six mois que j'avais quitté Bassam pour un mois et demi — je pus sans trop de difficultés envoyer Fyne et Correa jusqu'à Yacassé-Rivière avec la majeure partie des bagages.

Je leur recommandai bien de ne pas séjourner au Grand Yacassé pour ne pas donner aux hommes la tentation de revenir en arrière.

Je n'aurais pas voulu, non plus, m'arrêter chez Baferi. J'avais, en effet, la veille, envoyé Kourbaly réclamer le baril de poudre qu'il détenait et il n'avait, de fort méchante humeur, consenti à restituer qu'un baril de poudre de quinze livres et mouillé. Toutes les protestations faites à Correa n'étaient donc que leurres et je me réservai le soin de lui faire rendre gorge de ses larcins.

Yacassé. — Malgré la pluie tombée la veille au soir et le matin même, malgré surtout une violente douleur au pied gauche, je fis le 10 novembre, les quinze kilomètres qui séparent Ahouawy d'Yacassé. Une fois sorti des plantations qui forment la banlieue d'Ahouawy, on trouve une route remarquablement bien entretenue; pas de ronces; pas d'épines; très peu de cailloux, des lacets séparés par de larges paliers donnant à la vue de front une certaine étendue; il est évident qu'il y a ici un entretien systématique de la voirie aux abords d'Yacassé. Par moments, grâce à ces sentiers en ligne droite on a l'impression d'un de ces sous-bois fuyants, si pittoresques dans nos forêts de France, et la brousse très éclaircie donne l'illusion de grands salons de verdure, de bosquets gigantesques. Les arbres espacés laissent voir, à travers les voûtes de leurs cîmes, le bleu du firmament. Bref l'œil se repose, se distrait et la route en paraît moins longue.

Cinq petites rivières à franchir, toutes affluents de la rivière Mè : le *Soboŭng,* le Mémbée (déjà nommé), le *Sopi,* l'*Adoseka* et aux portes mêmes d'Yacassé, le *Maffi* qui contourne la ville à l'Est et coupant et longeant la route descend jusque près d'Yacassé-Rivière. C'est cette même rivière qui me causa de si grands ennuis lors de ma première étape : je n'aurais pas à redouter le même inconvénient pour descendre puisque je marche nu-pieds ; ce que le « fétiche » de la rivière va être vexé !

Yacassé me produit l'effet d'une capitale comparée aux bourgades que je visite depuis six mois.

Les habitants drapés à l'antique dans leurs pagnes aux couleurs éclatantes, portant à la ceinture un sabre machète dont la garde est ornée d'une coquille nacrée et dont le fourreau de cuir est pailleté de clous dorés, me font l'effet de gens civilisés auprès des sauvages de la montagne dont la nudité est à peine couverte d'un lambeau d'étoffe noué autour des reins.

Je descendis chez Mélingue-César-Yapo, le chef au sombrero fantastique et à l'air « fatal ». A peine installé, je reçus la visite de Baféri. Il vint à moi la main tendue, je refusai de la lui serrer, et, comme je je prévoyais, il demanda des explications.

— « Je ne te réclame rien, lui dis-je, et je ne t'ai « pas fait appeler. Mais je me réserve le droit de « saisir le Juge de tes vols. »

Et comme il insistait, je lui rappelai le sac de sel retenu indûment, le petit baril de poudre avariée rendu en échange d'un grand baril en bon état et le mouton mort si opportunément que je ne pus pas le manger.

Des aveux embrouillés qu'il fit, il résulta que s'il avait retenu le sac de sel, c'était à l'instigation du peuple qui lui reprochait de ne pas m'avoir assez exploité ni fait payer assez cher son hospitalité; quant au mouton, il jurait ses grands fétiches qu'il était bien et dûment décédé et d'ailleurs ce n'était pas le mouton qu'il m'avait donné, pour la poudre je ne compris absolument rien à ce qu'il racontait sinon qu'il rejetait la faute sur Tanoh.

Bref il remboursa le sel et la différence de la poudre et je passai condamnation sur le mouton.

Sur ce on m'apporte la bassine de cuivre, nous nous lavons les mains et j'en jette quelques gouttes à la face de Baféri qui est tout surpris de me voir connaître cette coutume. L'usage me paraît d'ailleurs être le propre des Attiés Acqua car je ne l'ai pas trouvé chez les Attiés Boddet. La rancune est effacée; nous buvons le vin de palme, la paix est signée. L'Équilibre-Attié ne sera pas compromis.

Adondoë est venu aussi; il me promet de me rendre la caisse de gin qu'il aurait dû me remettre à Adoquoi et qui m'a fait si grandement défaut pour le retour. Ce n'est qu'à Yacassé-Rivière qu'il s'exécutera et non sans peine.

Quant à Koffi, le chef des Apolloniens, je lui fis connaître que je n'ignorais aucune de ses manœuvres

ni les engagements qu'il avait arrachés à la faiblesse
et à la lâcheté de Tanoh pour me fatiguer et m'é-
garer, ni les excitations qu'il prodiguait il y a six
mois aux gens d'Yacassé pour m'attaquer à coups de
fusil. Je l'avertis que j'informerai qui de droit de ses
agissements personnels et de ceux de ses compatriotes. Du coup son air arrogant et protecteur
tomba; il devint souple comme un gant et ne voulait
pas me laisser partir sans me serrer la main. Mais je
tins bon et publiquement lui fis défense de me suivre
comme il le faisait. Je le reverrai d'ailleurs — j'en
suis sûr — à Grand-Bassam, car un Apollonien n'en
est pas à une humiliation près et ne se tient jamais
pour battu.

Une visite qui me fit plus de plaisir fut celle du
brave Alloh : il était dans un village voisin, et apprenant mon arrivée à Yacassé, il était accouru pour me
serrer la main.

Quel brave homme! Il assistait au palabre avec
Baféri et lui fit honte de sa mauvaise foi et je puis
dire que c'est grâce à ses observations et à l'autorité
dont il jouit que Baféri se décida au remboursement.

J'aurais voulu l'emmener avec moi; mais il me dit
franchement que le courant était trop fort; qu'il
n'avait pas l'habitude de naviguer aux hautes eaux et

qu'ainsi il ne me rendrait pas les services que j'attendais de lui.

Ce devait être vrai, les Attiés n'ont pas l'habitude de voyager en rivière dans la saison des crues, et un naufrage survenu récemment entre An Bato et Grand-Bassam, dans lequel deux indigènes, deux femmes Fanti et deux enfants avaient perdu la vie, a augmenté leur répugnance. Le bruit de ce sinistre s'est répandu au loin et a causé, dans toutes ces peuplades, autant d'émotion qu'en France le naufrage de la Bourgogne.

Yacassé-Rivière. — Onze novembre! Je quitte Yacassé, après avoir serré la main d'Yapo et de Baféri qui m'ont accompagné jusqu'en dehors de la ville. Descente lente, dans la boue jusqu'à mi-jambe. La route qui va vers le port a été quelque peu modifiée de façon à couper le Maffi, ce qui n'empêche pas de faire plusieurs kilomètres avec de l'eau jusqu'au genou. Cela montre combien il serait oiseux de chercher à représenter avec trop de détails ces sentiers indigènes qui se modifient d'une saison à l'autre. Je croise sur la route une caravane de porteurs et de porteuses de sel. Un homme effrayé se sauve à travers la brousse. Un peu plus loin Kourbaly s'arrête brusquement en me disant :

— « Eh ! Monsieur ! Il y en a des *n' hommes* caçés dans brousses. » Et tandis que j'arme mon revolver, il part en avant, le doigt sur la détente de sa carabine et il ramène... une porteuse de sel qui se cachait derrière un arbre par peur du « blanc ». Heureusement nous n'avions pas perdu notre sang-froid et surtout nous ne l'avions pas prise pour quelque gibier de fortune, car la pauvre femme n'eut certainement pas revu Yacassé.

Je traverse la bourgade Apollonienne qui s'est singulièrement développée, où les cases sont aujourd'hui au nombre d'une cinquantaine, entourées d'immenses cultures où les abords de la rivière ont été dégagés : une ville qui se fonde !

A cinq heures je suis dans la cour et devant les cases de Nooboh, toujours aussi inhospitalier.

Il mourut d'ailleurs peu de jours après mon retour à Grand-Bassam, tué à coups de bâtons dans une rixe avec les indigènes. Que le démon des Apolloniens garde la vilaine chose qui lui servait d'âme !

Je trouvais là Christian Edmunds, le soi-disant frère d'Aikins qui m'apprend la capture de Samory. Mais, suivant lui, le fait est dû à une action combinée des Français et des Anglais ; un autre prétend que ce n'est que le fils qui a été pris, mais que l'Almamy a encore une fois pu s'échapper : bref je ne saurai la vérité qu'à Grand-Bassam. Fyne et Correa présents, le bagage, la pirogue en bon état, la rivière navigable, tout était à souhait.

Aikins seul manquait à l'appel : il avait de nouveau pris la fuite aux portes d'Yacassé, se séparant de moi par un chemin de traverse et m'emportant ma grande capote d'ordonnance à laquelle je tenais beaucoup.

J'accordais un jour de repos à mes gens : ils l'avaient gagné car, depuis Adoquoi et sauf l'arrêt involontaire au Petit Akoudjé, nous avions voyagé à marches forcées.

Ce jour de repos me permit de constater que Nooboh a été lui aussi touché de l'esprit du progrès. A l'échelle par laquelle on pénètre dans les cases en bambous, il a substitué un escalier en joncs. Les proportions architecturales ne sont pas très bien observées; une marche est trop haute et l'autre est trop basse mais cela ne fait rien : c'est un progrès tout de même.

Au fil de l'eau. — 13 novembre ! ce n'est pas un vendredi, c'est un dimanche, donc rien à craindre des présages ! Dix heures du matin : en pirogue ! Christian Edmunds et cinq hommes s'embarquent avec nous. Navigation difficile et dangereuse, d'autant plus que les canaux dont se compose la rivière longs au plus d'un demi-kilomètre chacun se suivent à intervalles très rapprochés. J'ai, au départ d'Yacassé-Rivière relevé la direction de quelques-uns de ces canaux, ce qui peut donner une idée de la configuration générale de la rivière Mè car le régime est le même sur tout le parcours.

En dehors de l'intérêt qu'il y avait pour moi à vérifier et à préciser le cours de la rivière, j'étais depuis longtemps curieux de savoir comment se comporterait la boussole.

Le lecteur se souvient, peut-être, qu'à Bécédé nous fûmes assaillis par un orage d'une violence extraordinaire. A la suite de cette tourmente, la boussole subit une modification curieuse. L'extrémité Nord (ou aiguille bleue) devint l'extrémité Sud (aiguille blanche) et réciproquement. La perturbation subsista toute la campagne sans que, je l'ai vérifié également, le méridien magnétique fut dévié. Et les choses ne furent remises en leur état normal qu'à la suite d'un grand orage, lors de notre second passage à Ahotoué.

Le fait que je rapporte est certain, à telles enseignes que, de retour à Bassam, et voulant prendre des directions je commis l'erreur inverse? Je cherchais toujours le Nord du côté de l'aiguille blanche et naturellement je ne comprenais rien aux résultats que j'obtenais. Il me fallut à deux ou trois reprises un effort de réflexion pour me souvenir que je n'étais plus dans l'Attié et que ma boussole était revenue à l'état normal.

Quelle interprétation convient-il de donner au phénomène? Est-ce une perturbation constante produite par la nature extrêmement ferrugineuse du sol de l'Attié? Mais s'il en est ainsi pourquoi le phénomène ne se manifeste-t-il pas dès que je mets le pied sur le sol et pourquoi subsiste-t-il alors que j'ai quitté cette région depuis quatre jours?

Le phénomène est-il dû à l'orage qui a éclaté à Bécédé! Mais alors pourquoi seul l'orage d'Ahotoué a-t-il produit l'effet contraire, alors qu'à Maubioquoi par exemple l'orage qui éclata le soir de notre arrivée fut tout aussi violent que l'orage initial et l'orage final?

Je pose les questions et j'atteste la réalité du phénomène; je laisse aux physiciens et aux météorologistes le soin de l'expliquer. Et dans l'explication qu'ils donneront, ils devront tenir compte de ce fait qu'après l'orage d'Ahotoué et quand je fus le lendemain à quelques kilomètres du village, je voulus consulter la boussole; je constatai d'abord une indécision des aiguilles à reprendre leur position d'équilibre et ce n'est qu'à mesure que je m'approchai de l'embouchure de la rivière que l'aiguille bleue se décida à marquer de nouveau et sans hésitation le Nord.

Quoiqu'il en soit, obligé que j'étais de surveiller le barreur d'avant, je ne pus que relever quelques sinuosités et faire des observations espacées. Nous croisons

UNE PIROGUE DE TRAITANT

une flotille de pirogues qui remontent des marchandises et entre autres un énorme boucau de tabac qui se tient en équilibre comme par miracle. Mes hommes échangent les saluts d'usage avec les piroguiers et, pendant qu'ils se crient les nouvelles, perdent la direction si bien que nous allons buter contre un tronc immense et je n'ai que le temps de m'arc-bouter contre l'arbre pour repousser la pirogue dont l'avant est debout, pointe en l'air. Enfin, à une heure, nous arrivons à O'Keni au Sud-Est d'Yacassé-Rivière. A partir de ce point je ferai à chaque station le tour d'horizon sur la rivière de façon à en bien caractériser, par des points spéciaux, les sinuosités générales. En trois heures nous avons redescendu un courant que nous avions, au mois de mai, mis neuf heures à remonter. O'Keni est presque entièrement abandonné; son chef et son nez en trompette ont déserté; les pauvres gens qui restent ont peine à nous procurer du feu. Le soir un jeune citoyen O'Kénien vient au monde : il est blanc comme un européen et sa peau se noircira dans quelques jours.

Ne faut-il pas tirer de ce fait la conclusion que la race noire n'est qu'une race modifiée sous l'action incessante du soleil et qu'elle n'est pas une race de formation spéciale ?

A sept heures du matin, le 14 novembre, nouvel embarquement. Les abords d'Okeni sont aussi dangereux que ceux d'Yacassé-Rivière et il en est de même pour tous les endroits habités. Cela tient sans doute à ce que ces endroits choisis précisément parce que la pente était moins abrupte, laissent, par cela même, les troncs d'arbres déracinés par les eaux rouler plus facilement à la rivière. Quelques coups

LE WARFF

de hache, et les abords seraient débarrassés, mais il faudrait, pour cela, que les Noirs secouassent leur indolence, et ils préfèrent risquer un naufrage. Le soir à six heures j'étais à Djeudji (Nzoghi) après un arrêt à Ahoué : onze heures pour descendre la rivière que nous avions mis trois jours pleins à remonter!

Djeudji s'est agrandi : Kodio-Komou, le fils d'A-manguah, le brigand de Bonoua, s'y est installé comme coupeur d'acajou. Là encore, j'ai eu à supporter la morgue des Apolloniens qui se croient décidément les maîtres de la rivière : j'ai dû employer la force afin d'avoir du feu pour le souper et j'ai dû prendre d'assaut une maison pour ne pas dormir à la belle étoile, ce qui eût été pénible après onze heures de navigation agrémentée de pluie.

En une heure, le lendemain, 15, j'atteignais Ahotoué-Rivière. Nouvelles : on a commencé à construire le warf ; on pourra donc s'embarquer sans risquer à tout coup d'avoir les reins brisés, le bras démis, ou sans prendre un bain salé et forcé. J'arrivais malheureusement un jour trop tard, car la veille un vapeur de la Cie de Kong était venu chercher des billes d'acajou et m'eût singulièrement facilité et hâté le retour.

Il me fallut, dès lors, attendre jusqu'au surlendemain pour me procurer un barreur d'arrière.

Dans l'intervalle, Christian Edmunds m'amena un vieux Fanti, installé à Ahotoué, qui me demanda de me charger de sa cause en qualité de « lawyer ». Je la raconte, car elle donne une idée exacte des mœurs indigènes. Le bonhomme avait une femme Attié pour laquelle il avait payé une dot de £ 3 (75 fr.).

LA BARRE

La dame avait pris la clé des champs et s'était réfugiée au Grand Alépée où elle donnait, paraît-il, libre carrière à son tempérament de feu.

« — Très bien, avait dit le mari, prends autant
« de galants qu'il t'en faudra, mais rends l'argent ! »

« — A d'autres, avait répondu cette femme volage
« mais pratique. Si vous voulez votre argent, allez
« le réclamer à mes amants : ils vous le doivent

« puisqu'ils ont « dormi » avec une femme mariée. »

« — Ils sont trop ! avait répliqué le mari. Par le-« quel commencer ? Payez-moi, c'est plus simple ! »

Le dialogue n'avait pas continué, mais le bon-homme n'avait pas revu son argent et l'affaire en

LE GOUVERNEMENT

était là quand elle me fut soumise. J'expliquai à ce client de rencontre que la justice européenne ne pou-vait rien dans son cas. Tout au plus, pouvait-il ré-clamer l'intervention administrative qui permet de tenir compte des coutumes indigènes. Mais je lui conseillai, avec désintéressement, de se passer des

« Blancs » et de régler le palabre avec les chefs du
pays ; ils comprendraient mieux l'affaire que les Européens. Le bonhomme fut un peu désappointé, mais
la nuit portant conseil et la réflexion aidant, il vint

LE CABLE

le lendemain me remercier et me dit que j'avais raison.

Je note le passage du chef, du capitaine et du
« peuple » du « Grand Alépée ». Ils vont à Brafodomou régler une coutume. Le chef et le capitaine
sont couverts d'or et de pépites. Le sabre du capitaine a la lame taillée en dents de scie et la garde

est ornée de deux boules d'or, ce qui ne doit pas la rendre très maniable : arme de parade.

Enfin, le 17 novembre, après avoir dû faire chercher au grand village le pagayeur promis la veille, nous pouvons partir à huit heures et demie du matin. Nous arrivons à An-Bato à trois heures et demie de l'après-midi, non sans avoir essuyé, dans le grand lac d'An-Bato, une véritable tempête. La houle ballote ma pirogue comme en pleine mer. Mouillés et affamés nous arrivons en face de la baleinière de la Cie de Kong qui nous attend depuis six mois. Heureusement nous sommes pourvus de bananes, et en cours de route, moitié par force, moitié par persuasion, nous avons pu décider un indigène à nous vendre — poudre d'or trébuchant — sa provision de poisson frais. Le « foutou » ne manquera pas. Encore douze heures de patience, et nous rentrerons dans la civilisation.

Mais quelle tempête sur ce lac ! Correa, insupportable souvent en temps calme, mais précieux aux moments critiques, a, comme barreur d'avant, dirigé le canot en vrai mathurin. Une bouteille de gin de récompense, ce n'est pas trop payé, d'autant que chacun en prend sa part. Ce coup de tempête où ma solide pirogue supportait, avec peine, de furieuses embardées me fit comprendre comment, quelques se-

maines auparavant, une pirogue indigène avait pu
chavirer par un temps pareil et comment six personnes avaient trouvé la mort dans ce naufrage. Le
lendemain, à neuf heures du matin, après une nuit

LES MAISONS DE GRAND-BASSAM

de repos chez le traitant de la « Société Coloniale »,
nous partîmes avec la marée descendante.

Et le même jour, le 18 novembre, à deux heures
de l'après-midi j'étais en vue de Grand-Bassam. Il
m'avait fallu juste quatre semaines pour venir d'Adoquoi ; la crue des eaux m'avait fait perdre six jours au

Petit-Akoudjé. A Maubioquoi et Dédéquoi on avait perdu cinq jours en allées et venues pour essayer d'amener ma pirogue ; deux jours à Ahouawy par suite de ma blessure au pied ; un jour à Yacassé-Rivière et un jour à Ahotoué-Rivière. J'avais ainsi perdu quinze jours en route, soit deux semaines, ce qui prouve, qu'avec une colonne bien organisée, il serait possible de venir d'Adoquoi à Grand-Bassam en moins de trois semaines ; mais cette expérience prouve aussi que la route par la rivière Mè est longue, peu sûre et semée de difficultés matérielles. Le chemin rationnel est par Alépée et Denguera, en améliorant les routes.

Mon cœur battait à se rompre quand je vis les maisons de Grand-Bassam se profiler à l'horizon.

Je rentrais dans ce Bassam où, il y avait trois ans, j'étais arrivé désemparé et désespéré, où je m'étais refait une situation indépendante, où j'avais noué de solides et honorables amitiés.

Je rentrais dans ma petite maison, après six mois passés d'absence, ayant fait plus de 300 kilomètres à pied, rapportant plus de renseignements et d'études que de pépites !

J'étais fier cependant de l'effort tenté et j'étais prêt à recommencer, dans d'autres conditions, mieux ou-

tillé et sans avoir désormais recours à la main-d'œuvre
des indigènes.

J'étais reconnaissant : Soyez remerciés, Sénégalais

LE PONT SUR LA LAGUNE

et Sierra-Léonais qui m'avez été fidèles jusqu'au
bout! Vous avez partagé mes espérances et mes dé-
boires, mes joies et mes douleurs, mes privations
terribles des derniers temps. Je pardonne et j'oublie

les écarts de caractère et les erreurs commises, pour ne me souvenir que du dévouement témoigné jusqu'au dernier jour : soyez remerciés.

J'étais heureux enfin : j'allais serrer la main des quelques amis qui avaient su me faire parvenir des témoignages de sympathie jusqu'au sommet de la montagne Attié — de ceux, plus nombreux que je ne l'aurais cru, qui appréciaient l'effort que je venais de faire !

J'étais heureux, vous dis-je ! j'allais entendre parler français !

CONCLUSIONS (1)

Les événements avaient transformé mon expédition en voyage d'études. Le lecteur ne trouvera donc pas étonnant, si, au moment de clore mon récit, je lui soumets quelques réflexions qui ont dû, d'ailleurs, naître spontanément dans son esprit.

J'ai essayé de montrer le peuple Attié tel qu'il est : rusé, rapace, inhospitalier, rebelle surtout à l'immi-

1. Ces conclusions ont déjà paru en juillet 1899 dans le journal *La Politique Coloniale* si brillamment dirigé par M. Henrique, député de l'Inde. La *Rédaction* les avait fait précéder de cette note :

UN TRANSVAAL FRANÇAIS.

SIX MOIS DANS L'ATTIÉ.

« C'est le titre d'un livre qui paraîtra bientôt et le récit d'un
« voyage à travers la brousse de notre colonie à la Côte d'Ivoire.
« Le récit est vivant, mouvementé, le voyage a été long, pénible,
« et il peut avoir des résultats utiles pour l'avenir de notre posses-
« sion. L'auteur de ce récit d'exploration est un homme de volonté et
« d'énergie qui a cherché sur la terre d'Afrique l'oubli d'un passé
« douloureux et dans le labeur assidu de la colonisation, l'espoir
« d'un avenir plus doux.
« Pour toutes ces raisons nous avons accueilli le voyageur avec
« la sympathie que méritent ses louables efforts et nous publions
« aujourd'hui les conclusions de son livre instructif.

gration européenne ; auquel il faudrait peu de chose
pour qu'il se portât sur l'étranger aux extrémités les
plus cruelles. Esclave d'un étroit et grossier fétichisme, il a cependant atteint, dans les vallées inférieures, un certain degré de civilisation matérielle, très
rudimentaire encore, mais qu'il ne doit guère qu'à
lui-même.

La langue Attié, dont j'ai, à mon grand regret,
commencé trop tard le vocabulaire, appartient au
groupe des langues agglutinatives. Elle me paraît se
rattacher au même tronc que l'Agni et le N'zéma
(Apollonien).

Elle a, avec ces deux idiomes, un certain nombre
de termes communs, mais en se rapprochant surtout
de l'Apollonien. Toutefois, les analogies ne sont ni
assez nombreuses, ni assez sensibles pour permettre à
ces différents peuples de se passer d'interprètes.

La langue Attié offre dans sa syntaxe une particularité remarquable ; elle possède une sorte de préfixe
séparable.

Exemple : le verbe, anéoitzin, apporter :

Apporte-moi du feu.

Ané tiin (feu) oitzim pour oitzi mé, mé, moi, je).
Jusqu'à vingt, la numération suit le système décimal.
De vingt à trente on emploie le mot *aboura* qui est
le pluriel de dix en Agni et en Apollonien (bourou
pour une unité de dizaine).

Mais pour *trente* l'Attié dira *aboura cahin* comme
l'Apollonien dit *Aboura San*, trois fois dix en employant pour dix le terme au pluriel.

Le nombre se place après l'objet auquel il s'applique : *sabi caban*, cinq hommes.

Le calculateur Attié est vite embarrassé. Le poing fermé signifie *cinq* ; les deux poings *dix* ; si cela ne suffit pas, on ajoute les doigts de pied et les pieds entiers. Pour des nombres un peu élevés, on se sert de petits cailloux rangés par tas de dix.

En ce qui concerne le calcul de la monnaie, il est intéressant de remarquer que, bien que l'Attié du Nord et de l'Est ne se serve pas actuellement de la manille, il a gardé dans sa numération la trace de cet usage.

Exemples : Camouin   deux.
             Cabin   trois.
             Cadji   quatre.
             Caban   cinq.
             Camon   six.
             Cahoun   dix.

Or le mot *ca* en apollonien signifie *manille* ; c'est aussi le sens que lui donne les Attiés du S.-O. et les Naiddins qui ont conservé l'usage de cette monnaie primitive.

Du reste quand l'Attié compte par takou (6 d), il dira Ba-mouin, deux takous.

Une des principales difficultés de la langue est la mobilité de la prononciation qui change d'un village à l'autre. Non seulement la prononciation change, mais encore la langue se fractionne en plusieurs dialectes : exactement en trois, résultant de l'existence des groupes Naiddin, Boddet et Acqua ; la langue qu'on parle à Yacassè, Bécédé, jusqu'à Diapé, ne diffère que peu de celle qu'on parle aux Miatzé. Nouveau dialecte dans la confédération des Anapé. Toutes ces peuplades se comprennent du reste sans peine. En résumé le peuple Attié se divise en trois groupes philologiques, le groupe Naiddin représentant la langue parlée à Alépée, Memenni, Tengra (ou Denguèra), Attiéquoi, Ahotoué, Anyama, Ahoué et Brafodomou ; le groupe Boddet représentant la langue parlée par les Annapé ; le groupe Acqua représentant la langue parlée d'Yacassé aux Miatzé ; c'est la langue des vallées inférieures.

Par moments, la langue Attié présente des intonations singulières ; je me suis surpris, dressant l'oreille et croyant entendre parler français avec l'accent grasseyant des faubourgs de Paris ; mes compagnons que j'ai interrogés me disent que parfois il leur semble qu'on parle anglais. Ce n'est évidemment qu'une illusion de l'ouïe, mais elle m'a paru si bizarre que j'ai cru devoir la noter.

Enfin comme pour compliquer les choses et dérouter l'étranger, l'Attié donne souvent à ses mots la terminaison *o* qui est purement euphonique.

Vohlé : viens ici ! vohélo !

Politiquement, le peuple Attié se compose d'une série de peuplades accolées les unes aux autres et indépendantes entre elles. C'est une poussière de peuples divisés par des guerres intestines.

Chaque village a son chef politique, son chef de

a terre et, très au-dessous d'eux, son chef de guerre.

La suzeraineté que Yapi exerce dans le territoire des Annapé est une souveraineté de brigandage.

La polygamie est la règle générale. Cependant les jeunes gens n'ont qu'une femme ; ils en accroissent le nombre à mesure que leur fortune augmente et que leurs forces viriles diminuent.

Comme de simples civilisés, ils cherchent à combattre la satiété et l'impuissance qui les frappe de bonne heure par le renouveau.

Malgré cette polygamie, la femme n'est pas réduite au rôle d'esclave. L'homme, qui s'occupe surtout de chasse, partage avec elle le travail des plantations et, de son côté, elle l'aide dans la recherche et le lavage de l'or. Non seulement elle intervient dans les discussions d'une façon bruyante, désagréable et indiscrète, mais encore elle ne se gêne pas pour faire, en public, des scènes de ménage à son seigneur et maître.

Aux Miatzé, je me suis bien amusé des reproches que les dix épouses du chef Adoupoh lui adressèrent le soir qu'il me fit présent d'un veau. Ces dames lui reprochaient avec véhémence sa prodigalité. Mais leur principal grief était qu'Adoupoh n'eût pas pensé à leur réserver les tripes de l'animal, morceau dont elles sont fort friandes.

Le vieil Adoupoh prenait philosophiquement la chose et, sans répondre, me regardant avec un fin sourire, laissait tomber l'avalanche.

En bon chevalier français, je leur fis porter le mor-

ceau convoité, à la grande colère de Correa, et Adoupoh recouvra la paix du ménage.

A Adoquoi, je vis une jeune femme qui adminis-
trait à son mari une correction dans les règles ; le
mari riait de tout son cœur et se laissait faire ; il est
juste d'ajouter que d'un coup de poing il eût écrasé
la pauvrette.

Un autre jour, dans ce même Adoquoi, nous
eûmes toutes les peines du monde à empêcher
N'Dacho de frapper sa première femme. Celle-ci,
sans s'émouvoir autrement, avait saisi un énorme
gourdin et attendait l'assaillant de pied ferme.

Parfois aussi, c'est entre les deux femmes d'un
même homme que surgit la discorde : « Deux poules vivaient en paix, un coq survint ». C'est le contraire de la Fable, mais ce n'est pas de l'arrivée du
coq que naissent les hostilités. J'en ai vu deux, les
femmes de Bombée le forgeron, qui, à la grande joie
du village, se livraient à un « crépage de chignon »
avec accompagnement de coups de griffe. Bombée
regardait d'un air paterne et, comme je lui demandais pourquoi il n'intervenait pas, il me répondit
par cet aphorisme éminemment sage « qu'il ne faut
pas se mêler des histoires de femmes ».

Ces épouses d'ailleurs sont loin d'être d'une vertu
à toute épreuve et la fidélité conjugale ne règne pas
d'une façon absolue.

Les aventures de Tanoh, un palabre d'Adondoé,
l'oncle d'Esseens, à qui on reprochait une frasque
remontant à plusieurs années, bien d'autres discus-

sions entre indigènes auxquelles j'ai assisté en fournissent la preuve.

Le prix de l'adultère est fixé à 4 livres (100 fr.).
Mais généralement le coupable en est quitte avec
une livre (25 fr.) et une ou deux bouteille de gin.
Quant à sa complice, elle n'est pas inquiétée : il est
admis qu'elle n'a pas dû céder volontairement et
qu'elle a été prise de force. On devine aisément quel
parti des maris peu scrupuleux peuvent tirer de cette
convention.

Le moindre attouchement, fait même en manière
de plaisanterie, est interprété comme une preuve ou
au moins comme une présomption d'adultère et le
trop bouillant Correa a dû payer, pour ses galante-
ries intempestives plusieurs, bouteilles de gin. (1).

Le mariage ne donne pas lieu à autant de cérémonies que les funérailles que j'ai eu l'occasion de décrire au cours du récit.

Si un homme désire prendre une jeune fille pour
femme, il s'adresse au père.

Une fois agréé, il paye à la famille une demi-once
soit 45 francs.

Il fait à la fiancée des cadeaux s'élevant à environ
37 fr. 50 (1. 10. 0). Le cadeau le plus prisé est celui
d'une ou deux masses de perles blanches ou bleues de
forme cylindrique allongée, pour faire de larges bracelets aux bras et aux mollets.

---

1. Jamais l'homme trompé ne demande le divorce et ne répudie
sa femme; il se contente de réclamer des dommages-intérêts à son
rival (Binger ; *Oper. cit.* t. II, p. 297.)

Le cadeau reçu, tout est dit : il ne reste plus aux heureux époux qu'à avoir beaucoup d'enfants.

La naissance n'est, pas plus que le mariage, l'occasion de cérémonies particulières.

La vraie fête de l'enfant est celle du sevrage. La mère tatoue son rejeton, lui ceint le front d'un lambeau d'étoffe roulé en turban et le prend à califourchon sur son cou. Suivie de tous les enfants du village qui crient *Aiko Kouhela !* elle va de maison en maison chercher le cadeau d'usage : ici, une banane, là une inagme.

D'ailleurs, l'amour des enfants et la puissance du sentiment paternel sont une des caractéristiques du peuple Attié. Il n'est pas rare de rencontrer dans les rues du village un homme se promenant avec son petit dernier sur les bras et tirant l'aîné par la main.

Fréquemment dans les palabres, j'avais en face de moi des vieillards assis, tenant accroupis entre leurs jambes, leurs fils, de grands garçons de quinze à vingt ans, dont ils caressaient doucement la tête. Ce n'est guère qu'à Adoquoi que j'ai vu les femmes frapper les enfants quelquefois avec brutalité

Toutefois ce sentiment paternel, si puissant qu'il soit, n'a pas pu encore briser la vieille règle en vertu de laquelle la filiation n'existe d'une façon certaine que par la femme.

La maternité est certaine et fait le droit ; la paternité n'est que supposée et ne crée que des liens d'affection. L'homme qui meurt a pour héritier l'aîné de ses frères par la mère — que le père soit le même ou non — à défaut de frère, c'est le neveu par la sœur de mère, et, à défaut de neveu, c'est la sœur elle-même qui hérite.

Le régime de la propriété est mixte : elle est personnelle en ce qui concerne les maisons, les animaux, les biens meubles et les fruits du travail; le sol, au contraire est indivis. Si un homme cultive un coin de terre, s'il exploite un gisement minier, il est le propriétaire de la récolte faite ou du métal découvert; sur le sol même, il n'a qu'un droit d'occupant, qu'un usufruit, qui tombe quand cesse son travail, et un tiers peut alors se substituer à lui sans lui payer aucune indemnité, mais le tiers devra d'abord avoir l'agrément du village. Le sol est donc la propriété collective de la tribu, une sorte de communal.

Le chef de la terre ne fait que la garder et la défendre dans l'intérêt commun, contre toute usurpation particulière.

J'ai dit que le peuple Attié était constructeur et tisseur; vivant sur un pays minier, il est naturel qu'il sache travailler l'or et le fer.

Les rares bijoux que j'ai vus, ceux qu'on n'a pas pu me cacher, étaient finement ciselés. Avec les barres de fer apportées de Grand-Bassam, par Alépée, il forge des pics et des houes qui sont très maniables.

Ses haches sont d'une facture médiocre.

Malgré les riches pâturages que fournit la grasse terre végétale de son sol, il ne tire aucun parti de son superbe bétail. Le coton, la gomme copale, l'acajou la kola se rencontrent à chaque pas.

Dans la région montagneuse des Annapés le parfum de l'anis et de l'absinthe saisit l'odorat au passage, embaumant les fourrés d'alentour, sans doute possible pour le voyageur.

Le caoutchouc, quoique abondant, n'est guère récolté qu'au Nord d'Alépée (je ne parle pas de l'Indénié, bien entendu) et dans la partie S.-O. de l'Attié, c'est-à-dire dans les tribus en contact immédiat avec les Européens.

Je suis convaincu que sur les coteaux que j'ai gravis, la culture du café, du cacaoyer et même celle de la vigne, réussiraient comme cette dernière a réussi sur les hauteurs qui dominent Freetown (Sierra-Leone).

Au point de vue minier, j'ai signalé la présence du fer en masse considérable.

Quant à la présence de l'or, elle n'est pas douteuse. Mais quelle est la richesse des gisements ? Leur rendement serait-il rénumérateur pour une exploitation européenne ?

Quelle charge ferait peser sur l'exploitation l'impossibilité de faire appel à la main-d'œuvre indigène ; la nécessité absolue où serait l'exploitant d'importer une main-d'œuvre étrangère, tant pour travailler les « claims » que pour assurer le ravitaillement ?

Questions difficiles à trancher à l'heure actuelle.

L'Attié et la partie du Baoulé qui y confine forment sans doute un vaste champ d'or, partie de l'immense plaine aurifère qui longe la Côte occidentale d'Afrique, depuis les bouches du Niger en passant chez les Achantis, chez les Lobi, dans le Bondoukou et remontant jusqu'aux rives de la Falémé.

Les gisements doivent donc être riches et nombreux; riches, si on en juge par la quantité d'or qui, malgré les moyens d'extraction les plus primitifs, circule dans un pays où il n'y a pas de commerce, où on ne trouve que des acheteurs et pas de vendeurs, où chacun vit des produits de la terre et de la chasse; nombreux : on a vu au cours de ce récit que j'avais fini par apprendre que chaque village a son exploitation spéciale cachée dans la brousse.

D'ailleurs l'Attié ne se déplace que pour aller à Yacassé ou à Alépée s'approvisionner de gin, de tabac, de poudre ou de quelques autres objets de première nécessité. L'appât du gain ne le fait pas, à lui seul, sortir de chez lui.

Si donc il trouve de l'or, c'est sous sa main et sans se déranger.

Toutefois, ce ne sont là que des présomptions auxquelles il manque le caractère de certitude scientifique pour leur donner une valeur industrielle.

Un examen technique pourrait seul fournir une réponse décisive.

Or, dans l'état présent des choses, cet examen n'est pas possible et l'ingénieur qui le tenterait *ex abrupto* risquerait sa tête.

Il faut, avant tout essai de ce genre, et comme mesure préliminaire indispensable, que l'autorité française s'affirme et s'établisse dans ce pays. Actuellement son action y est nulle; le chef de poste de Bettié est trop loin ; l'Administrateur du Baoulé et ses lieutenants sont plus loin encore.

Le peuple Attié considère, dès lors, les Européens de Grand-Bassam, non comme les maîtres du pays, mais comme des voisins incommodes et dangereux.

Il sait qu'ils ont des soldats, et la crainte que je précédasse une colonne a été la principale objection que j'ai rencontrée et dû réfuter sur ma route. Et, par une contradiction singulière, ce peuple s'imagine que jamais les Européens ne viendront s'établir à poste fixe chez lui. Quand, parfois, énervé de leurs fourberies, je les en menaçais, ils échangeaient entre eux des sourires d'incrédulité.

Aussi longtemps que l'occupation ne sera pas un fait matériellement accompli, devant lequel les Attié se résigneront, on se heurtera à cette complexité de sentiments et aux résistances qui en sont la suite.

Il est donc urgent de placer un administrateur à Yacassé dont le ravitaillement est assez facile, avec deux chefs de poste, l'un sur la route du Baoulé, à Boudepé ou au grand Akoudjé, l'autre à Adoquoi, centre des Annapé.

A supposer que, par raison budgétaire, cette organisation doive être retardée, tout au moins faudrait-il installer immédiatement à Yacassé un chef de poste avec une vingtaine de miliciens. Il n'est pas d'homme de ces régions, qui ne se rende à Yacassé plusieurs fois par an. Aussi la nouvelle de l'installation dans cette ville d'un « chef blanc » et de soldats se répan-

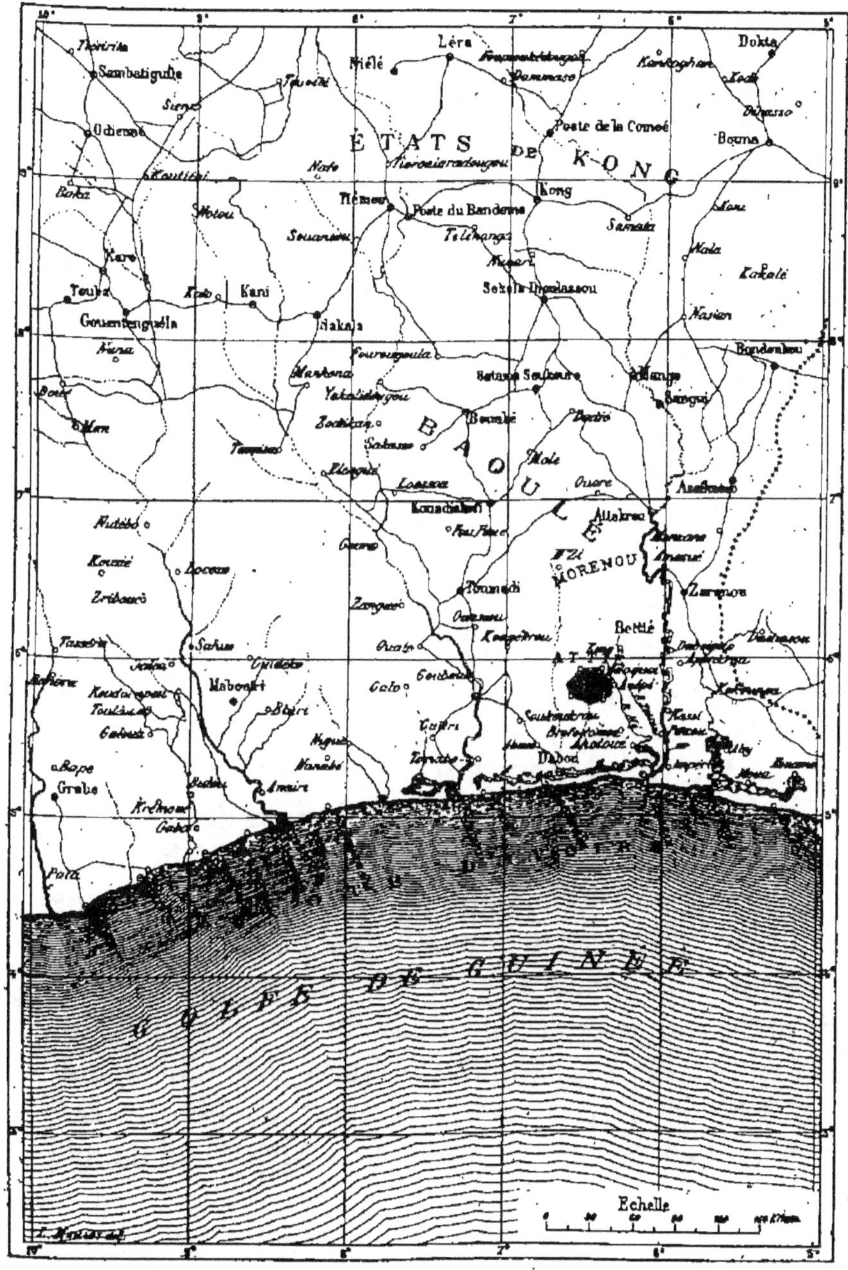

CARTE GÉNÉRALE DE LA CÔTE D'IVOIRE (d'après la carte de la boucle du Niger, par le lieutenant SPICQ)

16.

drait-elle dans toute la contrée comme une traînée de poudre et serait d'un effet immense.

Si l'agent est un homme expérimenté, énergique et prudent tout à la fois, ayant la pratique de l'indigène, il ouvrira rapidement à la France cette région qui réserve, je le crois, d'agréables surprises.

La première tâche de l'Administration sera de réduire Yapi à l'impuissance et de délivrer les Attié eux-mêmes de la tyrannie qui pèse sur eux et dont ils n'osent secouer le joug. Il est une autre tyrannie qu'il faudra aussi mettre à néant: c'est la domination exercée par les Apolloniens sur les rives du fleuve et jusqu'à Yacassé.

Ces «écumeurs» de la brousse disent à haute voix que le pays n'appartient pas à la France, que les Français n'oseront pas y venir et que, s'ils venaient, il n'y aurait qu'à les repousser à coups de fusil.

Le chef est un nommé Koffi qui vient de temps en temps à Bassam et qui prétend que l'Attié dépend de la colonie anglaise de Cape Coast. C'est un homme qui a besoin d'aller faire un tour au Gabon.

Ensuite, il faudra donner de l'air au pays et ouvrir deux routes en croix, l'une du N. E. au S. O. de la rivière Mè à la langue Potou par Akoudjé, Adoquoi, Bécédé et Anyamah, avec embranchement sur Yacassé; l'autre de l'est à l'ouest d'Alépée au Baoulé par Yacassé.

Ces travaux auront d'ailleurs pour conséquence le défrichement, défrichement indispensable, car pour suivre les filons on devra s'enfoncer dans une brousse où jusqu'ici l'indigène lui-même n'a pas pénétré [1].

Ces routes permettront enfin le transport essentiel, et aujourd'hui impraticable, du matériel d'exploitation minier et forestier.

En un mot, à moins de risquer de sanglantes aventures, il est indispensable que dans l'Attié l'initiative privée soit précédée de l'action politique, appuyée au besoin sur une démonstration militaire.

Plus cette démonstration sera importante — je parle de l'envoi d'une compagnie de tirailleurs sénégalais au maximum — plus les chances de conflit seront écartées.

C'est à ce prix, et à ce prix seulement, qu'on obtiendra un résultat rapide, définitif, pacifique et productif.

Au moment où j'écrivais ces lignes, la mission Houdaille qui a repris une partie de mon itinéraire et de celui de M. d'Espagnat, et qui a poussé plus loin, vers le Baoulé et le Morénou, ses explorations n'était pas encore arrivée à la Côte d'Ivoire.

L'effet moral produit par l'apparition de la mission a été considérable ; ses travaux qui consistaient à préparer l'exécution d'un chemin de fer qui traversera l'Attié du N. au S. pour gagner Kong par le Baoulé montrent que mes vues étaient justes et sont comme la sanction officielle du vœu émis par le modeste voyageur.

C. D.

[1]. Les indigènes ne lavent pour ainsi dire que les alluvions et terres tout à fait à proximité du cours d'eau. Ils sont bien trop paresseux pour porter de l'eau à une certaine distance et puis il faudrait piocher le sol, couper le réseau serré de racines, qui recouvrent la surface : c'est une besogne trop fatigante pour des gens qui n'aiment pas le travail... L'or ne se trouve que dans les terrains boisés que nous sommes convenus d'appeler la « végétation dense » ; c'est certainement dans cette végétation vierge qu'on doit trouver les filons. (Binger, du «Niger au Golfe de Guinée».Id. pages 167 et 258).

APPENDICES

En vertu d'une dépêche ministérielle, du département des Colonies en date du 24 novembre 1898, une mission militaire, sous les ordres de M. le capitaine du génie Houdaille, était arrivée à Grand-Bassam avec le mandat, entre autres objets, d'étudier immédiatement un tracé de chemin de fer de 100 à 120 kil. à construire sans délai au moyen d'un emprunt gagé par l'Etat et par la Colonie ; la mission devait de plus faire une reconnaissance en vue du prolongement éventuel de la ligne dans la direction de Kong.

Disons de suite que le tracé primitif, et depuis modifié, proposé par M. le capitaine Houdaille était, sauf au départ d'Alépée, emprunté en majeure partie à l'itinéraire de M. d'Espagnat et qu'il venait se souder à Adoquoi à mon itinéraire. Aujourd'hui le tracé part d'Abidjean où on creuse un port en eau profonde, monte vers l'Attié et détache un embranchement sur Alépée.

Je reproduis d'ailleurs ci-après, à titre de documents, le rapport que M. le capitaine Houdaille adressa de Bettié, le 7 février à M. Penel, gouverneur par intérim de la Colonie de la Côte d'Ivoire, ainsi que les observations que m'avait suggérées la lecture de ce rapport et qui n'étaient, je puis l'affirmer, que l'écho très affaibli des objections faites par tous les commerçants de Grand-Bassam.

On remarquera, toutefois que dans la partie géographique de ses observations M. le capitaine Houdaille signale les écarts entre la carte Spicq et l'itinéraire de Binger, par rapport aux positions de Bettié et de Kong et montre, ainsi que je l'ai fait remarquer à plusieurs reprises, avec quelle réserve on doit se servir de la carte de Spicq, notamment en ce qui concerne le cours et la direction de la rivière Mè.

MISSION D'ÉTUDES DU CHEMIN DE FER DE LA COTE D'IVOIRE.

Rapport du capitaine de génie Houdaille, chef de la Mission d'Etudes du Chemin de fer de la Côte d'Ivoire au sujet du tracé général à adopter pour la ligne.

Bettié, le 7 février 1899.

Monsieur le gouverneur,

J'ai l'honneur de vous rendre compte qu'à la date du 7 février 1899, la mission d'études du chemin de fer a terminé la reconnaissance générale du tracé à étudier et a recueilli le long du parcours une série de renseignements permettant de se rendre compte sommairement du prix de revient et des conditions d'exploitation de la ligne.

Je me permets de rappeler ici le but des trois études dont la mission était chargée d'après la dépêche ministérielle du 24 novembre 1898.

1° Exécuter un lever des environs du Petit-Bassam, de façon à étudier la possibilité de créer un port intérieur dans la lagune.

2° Etudier immédiatement un tracé de chemin de fer de 100 à 200 kilomètres qui serait construit immédiatement au moyen d'un emprunt gagé par l'État et la colonie.

3° Faire une reconnaissance en vue du prolongement éventuel de la ligne dans la direction de Kong. Le lever et les sondages du Petit-Bassam ont été exécutés dans la première quinzaine de janvier par M. le baron Crosson-Duplessis.

Pour la pénétration dans l'intérieur de la Côte d'Ivoire trois solutions avaient été proposées; une par le Bandamma, l'autre par le Comoë, la troisième par la rivière Mé ou d'Agnéby. Ces trois solutions offraient des avantages ou des inconvénients et je pense résumer les diverses opinions que j'ai pu recueillir pendant mon séjour à Grand-Bassam en disant que le commerce était favorable à la pénétration par le Comoë, tandis qu'au point de vue politique le tracé par le Baoulé présentait de sérieux avantages.

Après avoir exécuté plus de 200 kilomètres de levés précis et étudié les formes générales du terrain de la Côte-d'Ivoire, je propose une quatrième solution qui me paraît participer aux avantages des trois solutions préconisées.

Le tracé en question partirait du Petit Alépé, limite de la navigation à vapeur du Comoë, passerait à l'Est de Memni et se dirigerait en ligne droite sur le Nord-Ouest par le groupe des villages Denguéra, Apuquoi, Koumanie, N'Dolo, Tchovi, Kodioso, Anépé, Apiagui, Adoquoi, Dobonimo et Séka-Séka. Séka-Séka ou Mopé point terminus provisoire de la ligne se trouve à 107 kilom. de Petit Alépée, sur la ligne de partage des eaux de la rivière Mé et de l'Agnéby.

De ce point au point étudié deux embranchements, l'un vers l'Est se dirigeant sur Kong par le Morénou, l'autre à l'Ouest, reliant Séka-Séka à Toummodi dans le Baoulé, et pouvant se prolonger éventuellement sur Kong par Kodiokofi ; sauf difficultés imprévues toutes mes préférences sont pour ce 2° embranchement et il est facile de justifier ma manière de voir. Le 1er tronçon de 107 kilomètres à construire de Petit Alépée à Séka-Séka met en communication directe avec Grand Bassam les hautes vallées de l'Agnéby et de la rivière Mé en prolongeant cette ligne de 50 kilomètres à l'Est on atteint le N'zi affluent du Bandamma et on sort de la forêt ; 30 k. plus loin on arrive à Toummodi au cœur du Baoulé.

En résumé, une ligne de 187 kil. de longueur totale couperait en deux parties la forêt de la Côte d'Ivoire en permettant d'exploiter des régions forestières très riches et *encore inexplorées,* et on amènerait à Grand Bassam tout le commerce du Baoulé qui se fait actuellement par le Soudan.

Au point de vue politique les avantages ne seraient pas moindres. Pour faire pénétrer l'influence française dans les populations qui habitent l'intérieur de la forêt et qui sont relativement nombreuses, la voie ferrée est le seul instrument efficace. Le Baoulé serait relié à Grand Bassam en moins de 12 heures, dont trois de navigation sur le Comoë et 9 de chemin de fer et si ce pays offre les ressources que lui attribuent divers explorateurs on se rend compte du rapide développement économique qui sera la conséquence de la construction de la ligne.

Après cet exposé sommaire du projet de tracé que je préconise et sur lequel je vous serai reconnaissant de vouloir bien me donner votre opinion, je vais résumer rapidement les observations intéressantes que j'ai pu faire le long du parcours.

Formes générales du terrain.

La portion de la Côte d'Ivoire comprise entre le Bandamma et le Comoë est constituée par un plateau à pentes très douces corrodé par les eaux. Si le terrain inférieur n'était pas protégé par la végétation de la forêt, le sous-sol rocheux serait presque partout à nu et les alluvions entraînés par les eaux viendraient peu à peu combler la lagune.

En partant du petit Alépée à la cote 10, (eaux basses du Comoë, 1er janv. 1897) on arrive progressivement à la cote 123 à Séka-Séka au bout de 107 kil. de parcours, la pente générale du terrain est donc de 1 m/m. par mètre.

Sur ce parcours de 107 kil, nous avons rencontré plus de 200 sommets qui émergent de 20 à 30 m. au maximum au-dessus du plan général du plateau.

En construisant la ligne à 35 m. environ au-dessous des sommets on aura un sol très solide, facile à travailler, des pentes inférieures à 15 m/m par mètre et des courbes supérieurs à 150 m.

Le seul ouvrage d'art sérieux sera celui de la rivière Mè près d'Anépé. Un pont métallique de 40 mètres franchira ce cours d'eau ; les autres ruisseaux étant coupés près de leur source seront traversés par des ponts de 2, 4 et 6 mètres. Dans ces conditions, je crois pouvoir affirmer que le coût de la ligne construite en régie par l'Etat, sera compris entre 50.000 et 70.000 fr. le kil., ce qui porterait de 6 à 8 millions le prix du premier tronçon Petit-Alépé-Séka-Séka, et de 10 à 12 millions le prix de la ligne complète de Petit Alépée à Toummodi.

Le prolongement éventuel de la ligne sur Kong me paraît pouvoir être différé jusqu'au moment où la colonie sera renseignée exactement sur les ressources du Baoulé.

Population.

J'ai fait procéder à un lever exact des villages et au recensement des cases qui peuvent être habitées par 10 à 15 personnes.

La population qui se trouve sur le parcours direct du chemin de fer est ainsi répartie :

Memni 1500 h. Matiso 1000 Grand Alépé 1200 h.
    Ahotué 1000 hommes. . ;   4700
Denguéra Karmani 200 h. Apiquoi 100 h., N'Dolo
    1200 h , Tchoni 600 h.   2100
Kodioso   1000
Anépé 600 h., Apiagui 300 h. Adoquoi 800 h.   1700
Dobouino 300 h., Séka-Séka Ananguié. . . .   1700

                    12400

J'estime que la largeur de la bande de terrain occupé par ces villages a 12 kilomètres, ce qui ferait ressortir à 10 habitants par kilomètre carré la population de la forêt conforme à l'évaluation de M. le gouverneur Binger.

Richesse forestière.

Je me suis livré à des recherches précises pour évaluer la richesse ¦forestière des diverses parties de la forêt; sans entrer dans le détail, j'ai fait procéder à un recensement complet de tous les arbres d'une circonférence supérieure à 80 c. contenus dans 1.000 m. c. D'autre part, de nombreuses mesures m'ont permis de constater que le cube de bois équarri à arêtes vives que l'on peut retirer d'un arbre de circonférence C mesuré à hauteur d'homme était donné par la formule 2 C^3

J'ai tiré de ces données cette conclusion que dans les régions forestières les plus riches le cube de bois équarri à vives arêtes que l'on pourrait retirer d'un hectare était supérieure à 80 mètres cubes et dans les régions les moins riches à 20 mètres cubes; la moyenne paraît être voisine de 50 mètres cubes par hectare. Sur ce chiffre, la proportion d'acajou est comprise entre 5 et 10 o/o. Le cube à retirer d'un hectare serait donc de 2 à 5 m. c. suivant la région. Les 50 mètres cubes dont il vient d'être question, sont constitués presque uniquement par des bois durs qui paraissent être pouvoir utilisés pour l'ébénisterie, la menuiserie et le pavage en bois de la ville de Paris.

En fixant à 500 mètres, la longueur de la bande de forêt à exploiter le long de la ligne, à droite et à gauche, on arrive, ponr les 107 kilomètres à ouvrir au chiffre de 535.000 mètres cubes de bois équarri à vives arêtes. Si on trouvait à vendre ces bois, avec un bénéfice de 15 francs par mètre cube, leur valeur suffirait à payer le prix de revient de la ligne. Cette question de l'utilisation complète des bois de la Côte d'Ivoire mérite d'être étudiée très attentivement.

Caoutchouc.

Le caoutchouc est réparti d'une façon très irrégulière le long du parcours ; en certains points, il fait complètement défaut ; dans le voisinage de la rivière Mé le ton des lianes sort des lianes à caoutchouc. Entre Séka-Séka et Dongoha, l'arbre à caoutchouc est exploité mais je ne puis pour le moment donner aucun chiffre précis.

Or.

Nous avons trouvé des traces de recherches d'or en divers points du parcours, mais les groupes les plus vieux que nous ayons rencontrés sont situés à 2 k. de

Diangoba et à hauteur de N'Zoghi sur une surface de 200 à 300 m. il existe plus de 80 trous de 3 à 4 m. de profondeur. Nulle part je n'ai trouvé d'exploitation en activité. Aussi je me crois prudent de ne faire intervenir l'exploitation de l'or que pour mémoire dans le trafic futur de la ligne.

Contribution à la géographie de la Côte d'Ivoire.

La mission possède 4 cartes, 1 carte marine donnant la position de la lagune, la carte Spick, celle du commandand Marchand, celle de M. le gouverneur Binger, j'ai pris comme point de départ la position moyenne du Petit Alépé.

	Latitude Nord.	Longitude Ouest.
Petit Alépé	5° 28' 10"	5° 37'
Séka-Séka	6° 11'	6° 6'
Ananqui	6° 13'	6° 4'
Bettié	6° 3'	5° 42'

Je ferai remarquer qu'il existe à ce sujet entre la carte de Spick et l'itinéraire Binger un écart de 45 k. à vol d'oiseau dans la position de Bettié et de 80 k. dans celle de Kong. Les travaux de la mission d'études permettraient donc de rectifier sur de nombreux points la carte de la Côte d'Ivoire.

. . . .

Signé : HOUDAILLE.

RÉPONSE DES COMMERCANTS DE LA COTE D'IVOIRE

Grand-Bassam, mars 1899.

Monsieur le Gouverneur,

Je viens, comme vous avez bien voulu m'y autoriser, vous soumettre les observations que m'a suggérées la lecture du rapport que M. le capitaine du génie Houdaille, chef de la mission du chemin de fer de Kong, vous a adressé de Bettié le 7 février dernier.

Il est bien entendu, d'ailleurs, que je ne parle qu'en mon nom personnel et que je n'ai été chargé d'aucune espèce de mandat.

Après avoir rappelé le triple but assigné à la mission par la dépêche ministérielle du 24 novembre 1898, le rapport constate, sans y insister, l'exécution de levés topographiques des environs de Petit Bassam en vue de la création d'un port intérieur.

Je regrette cette sobriété de détails sur les résultats de cette opération; pour beaucoup de bons esprits, en effet, la création d'un port intérieur avec communication par les lagunes entre Assinie, Grand Bassam et Grand Lahou serait d'une utilité bien plus immédiate que la création d'un chemin de fer.

En ce qui concerne ce dernier, l'auteur du rapport,

après avoir écarté quelques solutions antérieurement proposées, a cru trouver une solution transactionnelle, entre le désir exprimé par le commerce de voir le chemin de fer se diriger vers l'Indénié et le désir du Gouvernement de gagner Kong par la voie du Baoulé. Le tracé proposé traverse l'Attié dans une région antérieurement explorée, en partie par M. d'Espagnat, en partie par l'auteur de ces lignes, en se dirigeant vers Toumodi et en s'arrêtant provisoirement à Mopé (et non Séka-Séka qui est le nom du chef) sur la ligne de partage des eaux de la rivière Mé et de la rivière Agnéby (ou plus probablement de la rivière Mé et de la rivière Ascension).

Pour justifier ce tracé on a fait observer que l'Indénié pouvait voir ses ressources s'épuiser et son marché se fermer et qu'il fallait prévoir l'ouverture d'un autre marché; d'ailleurs comme le dit M. le capitaine Houdaille « au point de vue politique le tracé par le Baoulé présente de sérieux avantages ».

Si le chemin de fer est surtout une voie politique et militaire, le commerce n a rien à dire : il est incompétent. Il peut seulement objecter que c'est à la Métropole à payer la construction d'une ligne destinée à servir surtout la politique d'expansion coloniale.

Certes, il est bon de préparer l'ouverture de nouveaux marchés, mais cette vue d'avenir incombe surtout au gouvernement, car le commerce ne vit pas d'espérances et ce ne sont pas les réalisations futures qui lui permettront de faire face à ses charges actuelles.

Les intérêts présents sont donc bien dans la direction

de l'Indénié, d'où vient la majeure partie du caoutchouc et la qualité la plus estimée.

Il y a d'autant plus d'intérêt à aller par les voies rapides l'accaparer sur les lieux de production, que pendant longtemps le trafic a été dérivé sur le territoire de la Gold Coast et qu'il a fallu lutter contre les manœuvres de certains agents anglais.

Cela donne bien au chemin de fer de l'Indénié le double caractère commercial et politique nécessaire aux entreprises de ce genre, en laissant, toutefois, prédominer le côté commercial.

La transaction qu'on offre n'en est donc pas une : c'est une nouvelle manière de se rendre au Baoulé, et rien de plus; au lieu de partir de Dabou ou de Tiassalé, on part d'Alépé; le seul avantage du tracé est de pénétrer l'Attié où, dans une note communiquée au gouvernement et dont le chef de la mission a eu connaissance avant son départ de Bassam, j'ai signalé la nécessité d'établir à bref délai notre action politique. Mais même à ce point de vue spécial, pour lequel un chemin de fer n'est pas indispensable — le tracé proposé est insuffisant.

J'ai constaté avec une certaine satisfaction que le tracé adopté est celui de la carte Spick, auquel il a ajouté celui que je lui ai fourni. Il sera nécessaire d'appeler son attention sur ce fait que j'ai bien éclairci qu'il n'y a pas de ville du nom d'Anapé. — Son tracé passe, en réalité par Anépé.

Mais pourquoi son tracé s'arrête-t-il à Adoquoi, alors qu'il a relevé les coordonnées géographiques de Séka-Séka, ou Mopé, point terminus provisoire de la ligne projetée ! Il eut été intéressant géographiquement de faire figurer Mopé sur le croquis s'adaptant à la carte Spicq.

Toutefois cela n'a qu'une importance secondaire; si on veut traverser l'Attié, il faut franchir la rivière Mé au-dessous de Kodiosoh, en face du débarcadère d'Yacassé, de façon à atteindre cette ville, centre politique et commercial de l'Attié. D'Yacassé on gagne facilement Adoquoi et Séka-Séka, soit par Anépé, soit par Oupé.

De plus, l'évaluation à 107 kilomètres de la distance entre Séka-Séka et Alépé peut être exacte à vol d'oiseau. Mais le pays est très valonné, comme le constate d'ailleurs le rapport du chef de mission qui a compté plus de 200 collines dominant de 20 à 30 mètres le plan général du plateau. Il y a lieu, dès lors, de majorer la distance à vol d'oiseau et de faire intervenir la distance « virtuelle » qui tient compte pour le prix d'établissement de la ligne de l'augmentation de tracé causé par les rampes et les pentes. Cette considération n'a pas dû échapper à M. le chef de mission et il est certain qu'elle le conduira à majorer aussi l'évaluation du coût d'établissement.

J'aborde maintenant la discussion des conclusions commerciales du rapport.

J'approuve pleinement la réserve que garde le chef de mission en ce qui concerne l'exploitation de l'or.

Les indigènes sont très rebelles à montrer leurs gisements qui se trouvent en pleine brousse et il est évident que l'escouade topographique qui a passé rapidement n'a pu voir ce qu'on ne m'a montré à moi-même qu'après deux mois de séjour et des fétiches innombrables.

Il est évident d'ailleurs que l'or par lui-même n'est pas un objet de trafic suffisant : seulement, si une prospection ultérieure révélait l'existence de placers « transvaaliens ou californiens » le transport des machines, des explosifs, des produits chimiques nécessaires à la réduction du minerai fournirait un élément sérieux de trafic.

Je crois à cette éventualité, mais c'est une opinion dont je ne puis pas fournir une preuve décisive et scientifique.

Pour le caoutchouc, le rapport en signale l'abondance avec raison ; mais les indigènes en ignorent l'exploitation sauf aux environs d'Anyamah (entre ce village et Abidjean) et aux environs d'Yacassé. Ce produit ne pourrait donc d'ici longtemps être un élément de trafic et il en est de même dans le Baoulé, puisqu'un récent rapport de M. Nebout signale que les indigènes commencent seulement à se préoccuper de cette exploitation.

Reste le bois : d'une façon générale, le bois acajou ou autre, est une marchandise lourde qui ne comporte pas de frais de transport élevés ; qu'il y ait un chemin de fer ou non, le bois ne sera d'ici longtemps exploité qu'autant qu'il sera à portée d'un cours d'eau d'où on pourra le flotter jusqu'à la mer, et nous n'avons pas à envisager l'époque où dans l'Attié et le Baoulé seront installées des scieries mécaniques qui débiteront les forêts en planches et en madriers.

Cependant, même en suivant le chef de mission dans ses méthodes d'évaluation de la richesse forestière, on est obligé de faire les réserves les plus expresses sur la base qu'il a donnée à ses calculs.

En prenant pour minimum de circonférence l'arbre de o cm. 80 on arrive à une surface d'équarrissage de o mc. 029; or, pour que l'acajou équarri ait une valeur marchande il faut que la surface d'équarrissage se rapproche de o m. 16, ce qui correspond à un diamètre de o m. 56 à o m. 57 et à une circonférence de 1 m. 75 à 1 m. 80.

En comprenant dans la moyenne les arbres dont la circonférence est inférieure à ce chiffre on affecte d'une erreur égale à la différence la moyenne de 5 à 10 o|o pour l'acajou.

Dès lors, la formule de cubage totale 2 C³ se réduit, qu'on me permette l'expression, à une curiosité mathématique, ne correspondant en ce qui concerne l'acajou à aucune réalité effective ou du moins, il faut attribuer à C. une valeur minima et il faudrait aussi l'affecter d'un cœfficient de difficulté, croissant avec la distance du lieu d'exploitation au railway ou au cours d'eau.

En ce qui concerne l'évaluation de la population, je crois que les chiffres du rapport sont restés très au-dessous de la vérité, non que pour les villages nommés l'évaluation ne soit sensiblement exacte, l'erreur gît ailleurs.

En admettant même que dans mon itinéraire les directions et les distances doivent être quelque peu modifiées, il n'en reste pas moins que les villages visités ou dont j'ai constaté l'existence soient très nombreux; en général, ils sont distants l'un de l'autre de 15 à 20 kilom.

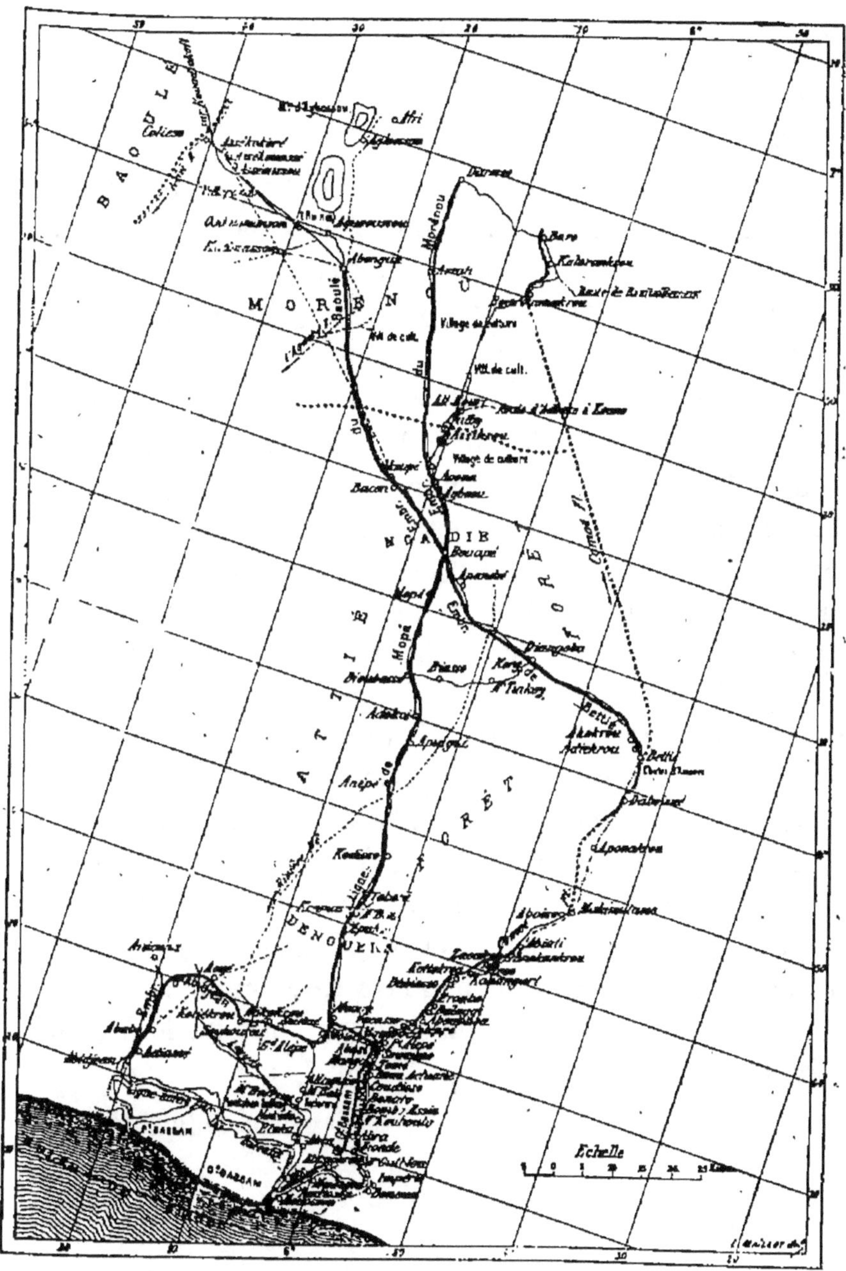

CHEMIN DE FER DE KONG ET PORT DE PETIT-BASSAM
(d'après les études de la mission HOUDAILLE)

C'est la forêt tout entière qui est habitée et non sa lisière.

Du reste, l'autorité du Gouverneur Binger sur laquelle s'appuie le rapport ne s'applique pas en la circonstance. L'évaluation de Binger avait trait aux forêts de l'Indénié mais pour l'Attié (II, p. 337), il dit formellement qu'il n'a pu se procurer aucun renseignement.

Au point de vue géographique, M. le chef de mission a repris sur la carte de Spick le tracé d'Espagnat; il l'a complété par une partie de mon itinéraire et il a poussé sa reconnaissance un peu plus loin, au delà des 6° de longitude ouest et de la latitude nord; c'est certainement par le fait d'un oubli involontaire que M. le chef de mission, donnant la nomenclature des documents mis à sa disposition, a omis de mentionner les renseignements qui lui avaient été exactement fournis à Grand-Bassam. Du reste, il serait à désirer qu'on relevât une fois pour toutes les positions exactes et la direction de la lagune Potou et de la rivière Mé. Pour cette dernière, c'est même urgent, car si on adopte définitivement le tracé proposé par l'Attié, soit vers le Baoulé, soit vers le Morénou, je suis convaincu qu'on sera amené à faire de la Rivière Mé un usage plus fréquent que ne le prévoit le rapport.

CAMILLE DREYFUS.

LA CULTURE DU CAOUTCHOUC. — DEVIS DE CRÉATION D'UNE PLANTATION [1]

Ce n'est que depuis quelques années que l'on a songé à substituer à la récolte du caoutchouc par les indigènes des régions productrices la culture rationnelle de ce produit dont la valeur va sans cesse en croissant et a encore devant elle de longues années de hausse.

Il est juste de reconnaître qu'on est encore peu fixé sur les procédés et les résultats de ces cultures rationnelles. Cependant, nous avons sous les yeux un travail qui s'applique à la Côte Occidentale d'Afrique, et plus particulièrement à la Côte d'Ivoire, et qui nous paraît mériter l'attention de nos lecteurs, ne fût-ce que comme établissement d'un devis.

Quelles sont d'abord les conditions générales de la culture rationnelle du caoutchouc ?

Nous extrayons ces détails de l'ouvrage de MM. Seligmann, Lamy, Torrilhon et Falconnet.

1. Cette étude a déjà paru dans la *Politique coloniale* du 24 août 1899.

Après avoir fait l'historique de quelques essais infructueux les auteurs ajoutent :

On fut plus heureux dans l'essai d'acclimation de l'arbre produisant le Céara-Caoutchouc, le *manihot-glazowii*, qui prospère naturellement sur un sol pierreux où d'habitude ne peuvent vivre que ronces et buissons : il a besoin de chaleur, mais il supporte une sécheresse relativement grande, son habitat naturel est dans les contrées les plus arides du Brésil où règne une température de 25 à 30° C.

Sa graine est très épaisse, protégée par une coque très dure ; pour hâter la germination qui dure un an, on peut enlever à la lime les arêtes de ses extrémités : il est bien entendu qu'il faut un grand soin dans cette opération si l'on ne veut léser le germe.

Ainsi préparée, chaque graine est mise en terre; on la plante à ciel ouvert à 75 millimètres l'une de l'autre, on recouvre le semis de 12 à 13 millimètres de terre, et on donne un arrosage deux fois par jour, temps sec. Il est essentiel que le semis ne soit pas à l'ombre si l'on veut éviter la pourriture de la graine. Les plantent lèvent au bout de trois à quatre semaines, et, dès que les jeunes pousses ont atteint 30 centimètres, elles sont bonnes à être repiquées définitivement, sans autre précaution que de distancer les plançons les uns des autres de 3 m. 50 en tout sens.

Au lieu de limer les graines, opération toujours dangereuse, on peut se contenter d'un détrempage préalable dans l'eau froide pendant six jours : en ce cas la germination ne commence qu'à la quatrième semaine pour être terminée au bout de trois à quatre mois.

On peut aussi procéder par marcottage de jeunes branches, ces marcottes prennent facilement racine à condition toutefois qu'un œil au moins soit en terre et qu'un autre reste à ciel ouvert.

Dès à présent les horticulteurs et négociants en graines fournissent, du reste, au commerce, et à des prix très abordables, des plançons en caisses et des graines préparées.

Déjà la gomme provenant des plantations rationnelles de Ceylan arrive sur le marché de Londres, où elle se trouve cotée de 5 fr., à 7 fr. le kilog. suivant qualité et demande.

Dans ces essais sans précédents, la pratique seule servait de guide. Un des des résultats des plus intéressants acquis, fut de pouvoir préciser l'âge du manibot pour pratiquer la première saignée ; l'expérience apprit que c'était à la cinquième année que la première incision fructueuse pouvait être entreprise et que, dès lors, on pouvait opérer un sujet deux fois par an, et pendant trois jours consécutifs chaque fois.

Et plus loin : les arbres encore jeunes ne produisent que fort peu, environ 500 grammes de gomme brute par an. Mais il est plus que probable qu'avec l'âge le rendement deviendra plus considérable.

Ces principes posés, examinons le problème dans son application.

Supposons qu'il s'agisse d'une plantation de cent hectares ; à moins d'immobiliser des capitaux considérables, il est préférable de ne constituer que des cultures de cent à deux cents hectares.

Sur la côte occidentale, tout au moins, sur le golfe de Guinée, il est préférable de choisir un terrain boisé; cette condition qui, au premier abord, peut paraître désavantageuse à cause des frais de débroussement qu'il y aurait lieu de faire, présente en réalité un double avantage.

Le débroussementr suivi de l'incendie des arbustes et des ronces, donne une fumure naturelle dont les planteurs de café sont extrêmement jaloux, il doit en être de même pour le caoutchouc : c'est un engrais qui est tout rendu sur place, il n'y a que la peine de l'abattre.

En dehors de cette considération, il est certain que tous ces pays sont très riches en acajou : les noirs et les maisons européennes l'exploitent sur une grande échelle, d'autres essences se trouvent encore sur place telles que le Cam-Wood (bois de campêche), le bois de fer, etc.

Le défrichement conduira à une mise en valeur forcée de ces produits d'exportation et il en résultera une dimution dans les frais d'établissement et d'appropriation du sol.

Frais de premier établissement.

Deux maisons pour la direction, une sur la côte, une sur la plantation. . . . Fr.	10.000
Voyage du directeur européen	1.000
Constructions de magasins en pisé et couverts en tôle pour la conservation des graines et des produits	500
Une équipe de 15 à 20 Sherbroes, travailleurs bûcherons exécutant le débroussement en un an ou 18 mois à 6,000 par an	9.000

Une chaloupe à vapeur 5.000
Trois grandes pirogues de 200 fr. . . . 600
Outillage : haches, machètes, ponchons, etc. 9.000
Achat de graines 75,000 pour 100 hectares
    avec commission de 0 fr. 50, à faire en
    plusieurs fois et à mesure de la création
    des pépinières 35.000

Frais d'installation au total 70.100

En chiffres ronds 70.000 francs. Pendant
    trois ans, il y a lieu de porter au compte
    de premier établissement les frais d'exploi-
    tation qui ne peuvent encore être couverts
    par les produits, de l'entreprise soit à raison
    de 20.000 francs par an, ainsi qu'il va être
    expliqué plus loin. 90.000
A côté de la culture il y a lieu de prévoir un
    capital destiné à faire la traite : ce capital
    qui recevra sa rémunération dès la première
    année, soit 100.000
Enfin il faut ajouter à ce capital la somme
    nécessaire pour assurer le service des inté-
    rêts pendant trois ans, soit sur un capital
    de 300.000 une somme de 15.000 fr. par
    an 45.000

                                          305.000

En chiffres ronds : 300.000 francs.

Toutefois comme les 100.000 francs destinés à la traite,
se récupèrent par eux-mêmes, il n'y a à prévoir au chiffre
de l'amortissement qu'une somme de 200.000 francs, soit

en 10 ans, 20.000 francs par an, qui viendront affecter pendant 10 ans le compte d'exploitation dont nous allons nous occuper à présent.

Frais d'exploitation proprement dits.

Un directeur de 500 fr. par mois et 200 fr. nourriture. . . . . Fr.   8.400

Un commis à Grand-Bassam à 150 fr. par mois et 200 fr. nourriture. 4.200

Un chef de culture noir pris à Konakry . . .   1.200

Une équipe de 30 hommes pour culture, récolte et garde. 12.000

Un mécanicien pour bateau à vapeur . . .   1.800

Un chauffeur   600

                  28.200

Soit en chiffres ronds 30.000 francs.

Il convient d'ajouter les intérêts annuels sur 300.000 francs soit 15.000 fr.

On a donc, en résumé, jusqu'à la onzième année, époque où finit l'amortissement.

Exploitation . . . . fr.   30.000

Intérêts annuels. 15.000

Amortissement 20.000

                  65.000

A partir de la onzième année, les charges annuelles tombent à 45.000

En regards de ces charges, quels seront les produits ?

Nous avons d'abord la coupe de l'acajou sur les terrains

à défricher, qui s'effectuera en un ou dix-huit mois au plus, mais dont le produit ne sera réalisé qu'en deux ans.

L'acajou se vend en Europe en moyenne 90 fr. le mètre cube. Il suffit donc de trouver 950 mètres cubes d'acajou sur cent hectares, pour couvrir et au delà les 70.000 fr. que doit coûter l'installation : cela fait un peu moins de 10 mètres cubes 1/2 par hectare, soit en moyenne 3 à 4 acajous par hectare, ce qui est un minimum au-dessus duquel on n'est jamais descendu dans cette région.

Ce premier produit réalisé, il convient d'examiner ce que rapportera la culture proprement dite. A cet égard, les calculs sont on ne peut plus simples et plus probants.

Cent hectares représentent 75.000 pieds qui, a raison de 0 fr. 50 donnent une dépense de 37.000 fr. et un produit à raison de 500 grammes par arbre et de 6 fr. le kilog de 375.000 kilos, soit 225.000 fr.

Ces chiffres sont des minima extrêmes si on tient compte de ce double fait :

1° Que les arbres de 7 ans donnent 2 kilogs par an et des arbres de 50 ans donnent 20 kilos tous les trois ans, soit 6 kilos 1/2 par an.

2° Que les prix de 5 à 6 fr. sont des minima et qu'avec un choix judicieux d'espèce et une méthode attentive de récolte, on peut améliorer les produits au point d'atteindre les prix de 7 à 8 fr. prix minima du para.

En admettant une récolte double, soit 75,000 kilog. vendus à 6 fr. on arrive à 450.000 fr. laissant rapidement un bénéfice net d'environ 400.000 fr.

Nous avons prévu plus haut un certain capital destiné

à faire la traite du caoutchouc, et qui, dès la première année, doit donner des bénéfices. Nous avons estimé ce capital à 100,000 fr. L'opération pourra durer trois ou quatre ans, ce qui avec un peu d'attention laisse un bénéfice net encore assez appréciable.

Pour ne pas se surcharger de frais, il serait préférable de faire la traite sans marchandises, en payant le caoutchouc en or anglais.

Insistons sur cette méthode qui consiste à utiliser les années d'attente en faisant la traite : il est évident que tous les immeubles et petite flotte, personnel européen qui devront coopérer à l'exploitation de culture pourront être utilisés à l'exploitation commerciale et ne créeront pas de frais nouveaux.

Quelques noirs, dépense insignifiante, suffiront à la manutention. Mais il n'en sera ainsi qu'à la condition de payer le produit en or anglais. Cela aura le double avantage.

1° D'éviter les frais et les mécomptes qu'entraînent les accumulations de marchandises dont le stock doit être considérable pour réduire les frais de transport et qui risquent de laisser de nombreux invendus.

2° D'attirer la clientèle du noir qui est friand de ce genre de paiement auquel, d'ailleurs, dans ces derniers temps, les maisons européennes avaient fini par consentir.

On sait quel développement a pris, en quantité et en valeur, l'exploitation du caoutchouc ; or, tout ce caoutchouc est un produit de traite, car les cultures sont actuellement trop récentes pour donner des quantités appréciables. Il résulte de tout ce qui précède qu'il est inutile de faire un devis des frais de la traite ; les frais généraux et les frais d'établissement seront communs et à l'entreprise commerciale et à l'entreprise agricole.

Quels seront les bénéfices, en supposant qu'on opère avec un capital de 100.000 fr. ?

Rendu de l'Intérieur à la Côte, le caoutchouc bonne qualité Indénié revient à 3 fr. le kilog, soit en opérant sur 100.000 fr. un rendement de 29.000 kilos, en tenant compte d'un franc de frêt et de frais généraux par kilog. expédié ; il reste au prix de 7 fr. prix d'Europe, une marge de 2 fr. 50 par kilo, soit un bénéfice de 73,500 fr.

En supposant que l'opération ne puisse dans son ensemble se renouveler que deux fois par an, c'est un produit annuel de près de 150.000 fr.

L'opération de la traite pourra se continuer après que les cultures commenceront à rapporter. Tout au plus dans ce cas faudra-t-il prévoir l'adjonction d'un employé européen et d'un ou deux commis noirs lettrés.

En résumé, le devis de l'opération prise dans son ensemble s'établit comme suit :

Capital de 1er établissement.

Dépenses proprement dites	70.000
Frais d'exploitation et d'intérêts pendant trois ans à 45.000 fr. par an	135.000
	205.000
En chiffres ronds.	200.000
Traite	100.000
	300.000

Comptes d'exploitation.

1. Charges annuelles pendant les dix premières
années. Exploitation 30.000
Intérêts du capital 15.000
Amortissement des frais d'établissement en
dix ans 20.000

—————————
65.000

Produits.

Première année.

Coupe de bois 35.000
Traite 150.000

—————————
185.000

Balance. 120.000
Dividende 90.000
Réserve pour la troisième année 30.000
Intérêts. 15 000

Deuxième année.

Coupe de bois. 35.000
Traite 150.000

—————————
185.000

Balance 120.000
Dividende 90.000
Réserve pour la troisième année. 30.000
Intérêts 15.000

Troisième année.

Reserves des 1re et 2e années . .	60.000
Traite	150.000
	210.000
Balance	145.000
Intérêts	15.000

Quatrième année et suivantes.

Traite	150.000
1re récolte	225.000
	375.000
Balance	310.000

Onzième année.

Charges.

Exploitation.	30.000
Intérêts	15.000
	45.000
Traite	150.000
Récolte à un kilo par arbre. . .	450.000
	600.000
Balance	555.000

Ainsi pendant les trois premières années, le capital touche 35 o/o.

De la quatrième à la onzième exclusivement, 125 o/o.

A partir de la onzième inclusivement, 185 o/o.

ESSAI

DE PETIT LEXIQUE ATTIÉ

(dialecte boddet).

Les jours de la semaine.

La semaine attié compte six jours.

Savi	1er jour
Sapi	2e —
Pitzi	3e —
Tchi	4e —
Cui	5e —
Couè	6e —
Elè	jour
Fa	hier et demain
Nèkébié	ce matin
Fakébié	demain matin
Késé	midi
Kénèmin	ce soir
Tacaro	les jours précédents (à partir de l'avant-veille)

La Religion.

Dzo	Dieu
Eouimbi	Fétiche
Akkia	Pierres et fétiche des rapides de la rivière.
Iahé	fête des Ignames.
Sippè	fétiches de la fin des palabres (ablution des mains).

Les Eléments.

Nzou	eau, pluie
Nzouoouè	eau rapide
Nzousimou	le bord de l'eau
Nzouobo	l'eau vient (il pleut
Mè	rivière

18

Tiin	feu
Tzako	fumée
Dzapèh	terre, sol
Bo	pierres, cailloux
Mamöüin	grande pierre, roche
Venin	soleil
Pô	lune
Popè	pleine lune
Diopou	étoile
Móbi	étoile du soir
Bouqyuin	tonnerre
Iangoddè	éclair
Fossou	vent

Les Nombres.

Econ	un
Camouin	deux
Cahan	trois
Cadji	quatre
Cabanè	cinq
Camon	six
Nso	sept
Mokué	huit
Ingouran	neuf
Cahoun	dix.
Cahoun écon, etc.	onze etc.
Aboura	vingt
Aboura écon, etc.	vingt-et-un
Aboura cahan	trente
Aboura cadji	quarante

C'est-à-dire trois fois dix, quatre fois dix, en employant pour *dix* le terme pluriel « aboura ».

La monnaie.

Esika	or, (métal)
Guetteh	argent (métal).
Baissa ou dama (plur. dain)	o. o. 3 d. (30 cent.)
Ba	o. o. 6 et 50 centimes
Bamouin	o. 1. o et 1 franc
Insemouni	un dollar (o. 4. 6 ou 5 fr. o5 couramment 6 fr.
Sèmélefon	deux dollars
Brafouéquoi	o. 11. 3 (14 fr. o5)
Batensin	o. 13. 6 (16 fr. 85)
Sèmélè	quatre dollars
Balè	1 £ (25 fr.)
Essien	1. 16. o (45 fr.)
Tiesin ou enouemoui	2 £ (50 fr.)
Ta	90 fr. (once)
Benda	180 fr. (2 onces)

L'homme.

Sabi	homme et mari

Si	femme et épouse
Aié	père, ancêtre
Anè	mère
Bien	fils
Sibien	fille
Énessin	frère
Énessi	sœur
Nama	oncle
Bitcho	petit enfant
Pebi	boy
Ohouwoh	mort (adjectif)
Ouelho	malade, maladie
Diako	je te plains. Condoléances pour deuil et maladie
Afouassin	étranger (noir)
Brafouè	blanc
Oumbrenon	Nord — homme du pays du Nord. Blanc
Hobi	Chef
Ahoura	Seigneur. Dominus du bas-latin.
Sahohinin	Chef de guerre. Capitaine d'une compagnie.

Le corps.

Mouin	tête
Mouinpou	cheveux
Embè	œil
Monhein	nez
Mé	bouche
Hin	dents
Muan	langue
Nouko	menton
Boué	cou
Tin	oreille
Boh	main et bras
Ouah	jambe
Ouatzo	mollet
Fon	cuisse
Ouakbè	pied
Cahin	dos

Les animaux.

Api *ou* Awouoh Api	chat
Addua	chien
Bafi	mouton
Akouatsin	cabri
Couin	poule
Couinsin	œuf
Wonoh	serpent
Abi *ou* akka	singe
Kon	poisson
Mundo	escargot monstre de forêt
Tchin	magnan (fourmi noire piquante)
Vouh	bœuf- vache
Nana	buffle
Niéboh	mouche.

Les végétaux et aliments.

Dzakoué	arbre, plante

Sakai	graine
Saki	gombo
Bobai	noix de coco
Bieco	piment rouge
Tozo	Bitter lear (nom anglais)
Accoitia (*t dur*)	petite banane douce
Domou	grande banane verte
Lou	kola
M'bonou	papaye
Ahié	igname
N'guéssé	coton
Mottin	grand champignon comestible
Ouaeddin	citron
Adou	coutchouc
Diké	tabac
Brafouin-dédé	orange
Sakié *ou* taloh	graine pour la toilette
M'ban	huile de Palme
Badji	pot d'huile de Palme
Ponn	corde, liane
Zokoué	piment rouge
Accodé	ananas
Ounkoua	maïs
Atiébé	gin
Djè	sel
Vachi	manger
Zémèvachi	j'ai faim

Atchi	piler — écraser le foutou.

Les couleurs.

Effi	blanc
Ebi	noir
Mobi	bleu
Nain	rouge

La maison. Le mobilier

Tson	glaise à poterie et à bâtir
Son	maison
Oun kofon	toiture en bambou
La toh	peau de bête pour s'asseoir — feuille — écrit
Allaka	caisse, malle
Oumbécha (*ch mouillé*)	siège, petit banc
Mba	corbeille — vanne
Atakin	pipe
Bécè	sabre-machète
Tchouoh	couteau
Adda	petit couteau
Kaniè	lampe
Ké	verre, vase, pot.
Endé	natte
Kotokou	sac
Somou	barre de plomb
Dozakouè	bâton
Bièban	fil, ficelle
Don	pirogue

Guittah	pagaye — pagayer
Toui	fusil
Djio	poudre à fusil
(o *bref*)	
Djah	sac et ensemble des instruments pour peser l'or. (gold book des noirs anglais)
flengga	drapeau (du mot anglais (flagg)

La toilette. Le costume.

Insmelin	savon noir minéral
Dacè	éponge en fibres de bananes
Inkoummi	étoffes
Taleh	veste, vêtement
Ouanh	pantalon, mauresque
Babouah	chaussures
Tchimmi	foulard
Saba	perles
Kin	chapeau
Akin	bague
Ngâ	Bracelet
Fien-Fien	Aiguille
Ouarè	damier ou jacquet à 12 trous.

Les salutations.

Le matin : Agno, bonjour. —

Réponse : Ehia *puis après un temps* : Ailo, merci. — Pareillement. *Réponse du premier interlocuteur* : Ehia, merci

Après-midi : Mateo, bon après-midi. — *Réponse* : Ahouoh, merci.

Le soir : Anouo, bonsoir. *Réponse* : Ahouscio, merci.

En allant dormir : Lagbeo, je vais dormir. — *Réponse* : Lagbè, va dormir.

A l'étranger qui arrive : Akouabo ou Akouaba ou Beao ! Soyez le bienvenu.

A l'étranger qui s'enva : Lagbeo ou Fia fia, bon voyage.

Nascio — merci (pour un cadeau).

Magna, Magnao — félicitations au chercheur d'or quand il part au travail ; mot à mot : « Vous en trouverez ».

Magnofón — au revoir, quand on ne quitte pas le village ; mot à mot : « je rentre à la maison ».

Danvo ! — Ami ; interpellation par laquelle on commence une phrase.

Tao ! tao ! — tout droit ! — bien ! (en pirogue).

N'Diamo ! — Courage les enfants ! (en pirogue).

Quelques mots et phrases usuels

Mé	moi, je
É	toi, tu
O	il, elle (singulier et pluriel)
Sa	nous
Bou	vous
Kè	et (conjonction)
Yo	oui
Tiè-tiè	non
Folava	finis, laisse-moi
Atzè	aller, allons
⎰ metzè	je vais
⎱ etzè	tu vas
otzè	il ou elle va
Atzéquoi	allons ensemble
Co co co (o bref)	loin ! loin ! c'est loin !
Vouoh ! vou-ohlè !	viens près de moi, viens ici
Fa	appeler
Aiè fa è	le père t'appelle
O bo	il va (au loin)
Anema !	c'est cela
Kakouboto	vous entendez ? (un son)
Owhouah ?	Qu'est-ce que cela ?
O mao	Il n'est pas là
Nguè	je prends
Totozin	fou, écervelé
Djizîn	voleur.
Mebignaugnan	je suis vexé
Mabè lo	je fais palabre
Amânié	nouvelles
Amâniè mouè	il n'y a pas de nouvelles
Amanio	voici les nouvelles : (ouverture du palabre d'arrivée dans un village)
Oumpoint	je n'en ai pas
Oumpobi	il n'y a pas de palabre
Menié	je ne comprends pas
Lo	aimer
La	dormir
O lo la	il aime dormir
Memalaio	je n'aime pas cela
Essè	beaucoup, trop
Pâ qua	tout, tous
Aneoitzîn	apporter
Anè tifnoitzimè	apporte-moi du feu
Inkakoue	grand
Ikatcho	petit
Dame, Daomè	silence, tais-toi
Bou Damio	vous, faites silence ! (à une foule).
Ampah	c'est bien (pour approuver le discours de l'orateur en public)
Cra cra cra	j'ai dit (fin d'un discours en public)
Ekbè	fini
Mohè	il n'y en pas !

Ialè	il y en a
Betteh !	attends ! prends patience !
Nyan	attention !
Eledjan	c'est bien !
Elodjan	c'est mal !
Sacca sacca	palabre, dispute
Congosa	faire des cancans
Owitchiko	il est vexé
Boucabe lè commokoko	vous le verrez
Bou kabe lodjin	vous faites mal
Bou ca hiou elodjan	vous proposez une mauvaise affaire
Natzè !	va-t'en
Na tzè hin	allez-vous-en le voir
Ni zè mè	donne-moi
Ele bo bouo tzé	où allez-vous ?
Mohou! Mohou!	bravo ! bravo ! (pour un trait d'adresse).

TABLE DES MATIÈRES

Paris. — E. Kapp, imprimeur, 83, rue du Bac.

www.ingramcontent.com/pod-product-compliance
Lightning Source LLC
LaVergne TN
LVHW020623060726
842526LV00003B/843